苦情対応と信頼

消費者志向研究所代表 池田 康平

Ikeda Yasuhira

風詠社

はじめに

　悪質なクレームなどで従業員に大きなストレスを与える「カスタマーハラスメント（カスハラ）」は、企業にとって憂慮すべき問題だと思います。厚生労働省の調査によると、顧客や取引先からのクレーム対応で精神障害の労災認定を受けた人が 2009 〜 18 年度の 10 年間で 78 人に上り、うち 24 人が自殺していたとのことです。企業には従業員への安全配慮義務があり、カスハラに対する姿勢を明確にして、現場の個人任せにせず組織として対応すべきだと思います。また、国際労働機関（ILO）は 2009 年 6 月にカスハラも含まれるハラスメント禁止条約を採択しています。

　企業におけるカスハラ問題を耳にして、以前、本社職能として消費者関連業務に携わっていたとき、苦情対応を担当していたベテラン社員の多くが退職されたことを思い出しました。そのとき、消費者からの苦情への対応を強化することが喫緊の課題となったのです。それまでは苦情対応のベテラン社員が個々の経験やノウハウでもって苦情に対応していたのですが、突然、多くの社員が退職することで、後任者に苦情対応のノウハウをうまく引き継ぐことができないという事態に至ったのです。

　後任の担当者が正しく苦情対応できるようにすることが急務となり、これまで個人の経験や能力に頼ってきた苦情対応を、企業すなわち組織として対応するために「苦情対応マニュアル」を整備し、苦情対応の考え方や方法について担当者に徹底することにしました。苦情対応マニュアルは具体的でわかりやすく実践に役立つものでなくてはなりません。経験した苦情を思い起こし、想定される苦情を考えながら、苦情対応マニュアルを作成し徹底することに取り組みました。

　そのようなとき、国内規格 JIS Z 9920「苦情対応マネジメントシステムの指針」が制定されました。苦情対応は、正しい対応でなければなりませんが、同時に、消費者や社会から信頼されるものでなくてはならないと考え、2003 年に JIS Z 9920 に準拠した社内規程「お客様対応基本規程」を制定しました。

2004 年、国際規格 ISO 10002 が発行され、2005 年に JIS Q 10002「品質マネジメント－顧客満足－組織における苦情対応のための指針」が制定されたのにあわせて、JIS Q 10002 に準拠する形で「お客様対応基本規程」も改定しました。消費者重視の苦情対応は、苦情対応の考え方が消費者や社会から信頼されるものでなくてはなりません。そして、正しい苦情対応が信頼関係の構築につながるものと確信しています。

　本来、企業がめざすものは社会に貢献することであり、「社会の公器」として社会に貢献することにより利益を得ることができるのです。社会貢献には、消費者や社会との信頼関係が必要であり、信頼の確保は提供する製品やサービスが有用かつ安全であることはもちろん、コンプライアンスそして社会的責任を果たすことが不可欠です。そのためにも、消費者や社会に対して情報開示や説明責任を果たすことが大切だと思います。

　前出のカスタマーハラスメント問題ですが、組織対応でなく個人対応になっていたかもしれません。苦情対応を組織として取り組むことにより、担当者は自信をもって対応することができ、ストレスを感じることはないと思います。信頼される苦情対応に取り組むことにより、苦情対応業務がやり甲斐があり、信頼関係の構築に貢献できるものと信じています。

2020 年 10 月

　　　　　　　　　　　　　　　　　消費者志向研究所　　代表　　池田康平

目　次

第1章　苦情対応

1．消費者苦情

1）消費者問題と苦情

　1970年代に入り、増加する消費者からの苦情に対応する窓口（消費者部門）が企業内に設置されるようになった。第2次世界大戦後、大量生産、大量販売そして大量消費時代に入り、高度な技術で生産され付加価値の高い製品やサービスが消費者に提供され消費されるなかで、消費者が被害や不利益を受けることが発生した。すなわち、消費者問題の発生であり、消費者が企業に苦情を直接申し出ることになった。消費者苦情といわれるものである。

　消費者苦情を考えるにあたり、消費者問題について理解を深める必要があると思う。そのために、消費者問題を解決しようとする消費者運動や消費者行政について知ることも大切である。

　消費者運動の始まりは、戦前の生活協同組合活動があげられるが、本格的な消費者運動は戦後のモノ不足や不良品に対応して起こった「米よこせデモ」や「不良マッチ退治主婦大会」である。その後、生活革新が進むなか、1960年のニセ牛缶事件では主婦連合会とマスコミの連携が表示規制に、1970年の消費者団体のチクロ追放運動で実質禁止に、同年のカラーテレビ不買運動は価格体系の改定に、1971年に広がりを見せた過剰包装追放運動はマイバッグ運動につながったということができる。以降も絶え間なく発生する食品・医薬品の安全性や欠陥商品などの消費者問題に対する「欠陥商品110番」などの消費者運動は、行政や企業との対話も通して、消費者行政や企業の消費者対応に影響を与えてきた。

　一方、経済の高度成長にともなう安全問題や販売方法によるトラブルが増加するなか、1963年に農林省（現農林水産省）、翌年には通商産業省（現経済産業省）に消費経済課が設置され、1965年に兵庫県立神戸生活科学センターが設置された。1968年「消費者保護基本法」が成立し消費者行政が本格化、

1970 年に特殊法人 国民生活センター（現独立行政法人）が設置され、その後、全国の各地方自治体に消費生活センターが設置された。

　1970 年代初頭から、強引な訪問販売などが社会問題化し、1972 年には割賦販売法にクーリング・オフ制度が導入されたが、その後もマルチ商法など様々な商法が出現し、1976 年に「訪問販売等に関する法律」が制定された。また、1973 年には、技術革新により登場した新素材や新製品を規制する「消費者安全三法」が制定されている。

　1985 年、被害が大きかった「豊田商事事件」が表面化し、翌年には「特定商品等の預託等取引契約に関する法律」（預託法）が制定された。一方、規制緩和が引き金となる食品等の安全性の問題や欠陥商品による事故が発生し、海外の動向も受けて、1995 年「製造物責任法」（PL 法）が施行された。

　2000 年、消費者契約全体をカバーする「消費者契約法」が制定され、翌年に施行された。同年に「訪問販売等に関する法律」が規制取引を追加して「特定商取引法」に名称変更された。以降も、食品偽装や偽装表示が続発し、その企業の幹部が逮捕され、また廃業に追い込まれた企業も出た。同時に JAS 法も改正され規制強化もされた。

　2004 年に、消費者保護基本法は「消費者基本法」に改正され、法律上初めて消費者の権利が明記されたが、消費者を保護する主体から消費者の自立の支援に転換された。2009 年、消費者行政の司令塔としての「消費者庁」と「消費者委員会」が設置され、消費者市民社会の構築をめざして、消費者教育にも取り組まれているが、食品の安全性、高齢者被害の問題やネット関連トラブルなどの消費者問題が続いている。

　消費者問題は、社会・経済の変化とともに常に新しい問題が加わり、その形態や内容が変わってきた。製品やサービスの安全・品質問題、価格問題、計量・表示問題、広告・宣伝問題、販売方法や契約問題、廃棄・包装等の地球環境問題、そして詐欺問題にまで拡大している。「使用中にケガをした」、「異物が混入していた」、「購入後すぐに故障した」、「契約時の説明通りでない」など、

よく耳にするトラブルを含めて多種多様である。

　国民生活センターと全国の消費生活センター等をオンラインで結び蓄積しているデータベース PIO-NET（全国消費生活情報ネットワークシステム）によると、2019 年度相談（苦情を含む）件数は約 93 万件と前年度より減少したが、ここ 10 年間 90 万件前後で推移している。決して少ないとはいえない。

　消費者問題は、消費者が企業から購入する製品やサービスまたはその取引に関連して受ける肉体的、経済的被害または不利益であると定義されるが、企業と消費者との取引関係における格差によるもので、現代社会のもとでは必然的かつ構造的に発生する問題である。

　一方、消費者苦情は、消費者が企業から購入する製品やサービスまたは取引への消費者の不平や不満であり、主観的に捉えたもので、消費者苦情のすべてが消費者問題ではない。前出の申し出の「使用中にケガをした」、「異物が混入していた」、「契約時の説明通りでない」は消費者苦情に分類されるが、「購入後すぐに故障した」は消費者の申し出の様子（感情）により消費者相談に分類されることもある。

　また、企業の対応に対して気に入らないなど、たとえば「あの言動はけしからん」は感情的に申し出られる苦情、すなわち消費者問題に起因しない消費者苦情もある。いずれにしても、消費者苦情は、消費者からの企業への積極的な働きかけと受け止めることが大切であり、消費者運動と同様に、真摯に対応することが求められる。

２）企業における苦情

　企業の使命は、製品やサービスを消費者に提供することにより、消費生活の維持・向上に貢献することである。ところが、製品やサービス、その他の関連する事項により消費者に不満足を与えることがあり、そのとき、消費者はその不満足を消費者苦情（以下、苦情という）として企業に申し出ることになる。従って、企業はその苦情に対し真摯に向き合い対応することが重要である。

　苦情のほとんどが消費者問題に起因していることを忘れず、企業として解決

すべきことが少なくないことに留意すべきで、苦情を素直に聞き、感情面では冷静に、内容面では正確に理解し、真剣に解決に向けて取り組むことが基本である。製品やサービスそして企業の行動に、苦情申出者に対して不行き届きがなかったかなど、しっかりと確認することが大切である。苦情対応では、特に感情面での不行き届きがないように留意すべきだ。いずれにしても、消費者が苦情を申し出るのは、その苦情の解決を期待しているからであり、企業は期待されていることを忘れてはならない。

　多くの場合、消費者が企業に苦情を申し出るときは、企業に対してマイナスの気持ちと解決できるという期待感を持っていると考え、企業はマイナス感を解消し、期待感に応えるように努めることが大切である。

　消費者が企業に苦情を申し出るのは、企業に対して何らかの不満足なことや不満足な状況にあり解決を求めているのである。従って、企業として苦情に対応するとき、その苦情を正しく捉えることに加え、苦情を申し出られる「消費者」を正しく理解することが大切となってくる。そして、正しく対応（解決）することが求められる。

　苦情申出者に対して真摯な態度で対応して苦情申出者に満足してもらう、少なくとも理解してもらうことが重要である。そのために、苦情申出者であり、消費者問題の当事者である「消費者」を理解することが不可欠である。

3）消費者とは

　消費者からの相談や苦情に対応するとき、「消費者」をどう捉えるかが重要になってくる。「消費者をどのように捉えているか？」と企業人に質問すると、多くの人が「消費者は多種多様である」とか、「十人十色」という回答が返ってくる。確かに個々の相談や苦情をみるとその通りで、年齢・性別・生活環境・考え方・趣味・嗜好など、千差万別でまさしく多種多様である。

　マーケティングの分野では、グループ分けも一定の意味があるが、苦情対応においてはあまり意味がないと思う。加えて、苦情対応の場合、先入観により正しい対応から遠ざかることも考えられる。ただ、「十人十色」でとどまって

しまうと、さまざまな相談や苦情に対して、より適切な対応に至らないとも考えられる。

　苦情の多くは消費者問題に起因しているが、個別に苦情を分析すると、苦情は製品やサービスまたはその取引への消費者の不平・不満であり主観的に捉えたものである。すなわち、消費者の主観が重要な要因であるが故に、「消費者」を知ることが不可欠であり、消費者の本質を認識することが求められる。

　消費者対応の経験から、消費者苦情における消費者に共通するものは「自分が正しい」という認識だと思う。自分を基点にした行動であり、「自分本位」だといえる。カスタマーハラスメントやクレーマー問題といわれる場合も「自分が正しい」という考えに立って苦情を申し出ているのだと理解することが重要となる。

　2004年、消費者保護基本法が消費者基本法に改正され、消費者行政のスタンスが「消費者保護」から「消費者の自立支援」に転換された。2008年版国民生活白書に「消費者市民社会への展望―ゆとりと成熟した社会構築に向けて―」と題して消費者市民社会への転換が示されたが、グローバル化・IT化が進展し規制緩和が推進されている社会において、社会的弱者の被害をはじめとする取引トラブルや安全問題などの消費者問題が続発している。

　この続発の要因として考えられるのが、消費者と企業との格差、すなわち、消費者個人と専門家集団である企業との大きな格差である。消費者は情報をはじめとする格差社会における弱者であるが、「自分本位」であることには変わりがない。この「自分本位」を理解することが重要であり、このことを受け入れることが企業に求められているのである。

　一方、消費者の立場で活動されている消費者団体は、製品やサービスに関して社会的視点から企業への申し出や提言をされているのである。本質的には、苦情を申し出られる消費者（苦情申出者）と相通じていると考えるべきだが、通常の苦情と異なり、社会的視点からであるが故に、個々の苦情解決と異なるところがある。過去の経験から、企業にとって有益であったことが多いという印象が残っている。

２．苦情対応とは

１）組織として対応

　消費者が苦情を企業に申し出るときは、その企業にその苦情の解決を求めているのである。従って、苦情対応は企業としての対応、すなわち、企業（組織）対応でなくてはならない。以前、初めて苦情対応業務を担当したころ、苦情対応は担当者の個人プレーの感があった。苦情対応のプロといわれるベテランの担当者が対応し解決につなげていた。その解決の中には、公平性や客観性において少し首をかしげざるを得ないものもあったが、その時代はそれしかなかったのかもしれない。

　しかし、現在は、担当者個人の技量も大切ではあるが、組織としての対応でなければならない。苦情申出者によっては、その苦情の対応（解決）案に対し納得されず、「責任者に代われ！」とか「社長を出せ！」とかいわれることがある。組織としての対応を実践していなければ、自信をもった対応ができず、「代われ！」とか「社長を出せ！」との要求に対して毅然とした対応ができないことにつながる。苦情対応において、トップマネジメント（社長）や責任者との意思の共有化が対応のベースであることを忘れてはならない。

　この意思の共有化には、苦情対応のマニュアル化と社内コミュニケーションが重要である。苦情対応のマニュアル（ルール）を策定し徹底すれば、個々の担当者はマニュアルに沿って対応することになり、その内容がトップマネジメント（社長）や責任者に認知されているという自信のもと苦情に対応できる。また、意思の共有化があれば、臨機応変の正しい対応も可能となるものと考える。

　カスタマーハラスメントやクレーマー問題に遭遇して不条理な要求をされたとしても、丁寧かつ毅然とした対応が可能となる。なぜなら、企業を代表して対応しているという自信とトップマネジメント（社長）や責任者に支援されているという安心感が備わるからだ。その結果、担当者自身の精神的なストレスも解消される。それには、日頃から責任者やトップマネジメント（社長）から担当者への働きかけ（コミュニケーション）が重要であることは自明である。

　消費者が苦情を申し出るときの心境は、その製品やサービスを提供した企業に対して解決を強く求め、かつ、その要求は消費者の権利だと認識されていることを理解しておくことが大切である。

　「組織対応」というときの組織は「企業」を意味し、トップマネジメントは社長を意味していると考えることが肝要で、組織を相談窓口などの消費者部門を指すのではない。なぜなら、消費者が製品やサービスを購入するとき、ブランドなどに代表される企業を認識して購入を決定されるからである。

　相談窓口は、購入の意思決定においても重要であるが、苦情が発生したとき、苦情申出者は担当者で解決に至らなければ、最終的に社長が判断すべきだと考えて「社長に代われ」ということにより苦情対応が申出者寄りになると思っているからだ。決して、社長と直接話したいという意味ではない。企業の考えには一貫性がなければならず、それ故に、「苦情対応マニュアル」の策定と徹底が重要となってくる。

　また、苦情対応は公平性が担保されることが重要であり、苦情に対する考え方や対応方法が「金太郎あめ」のように同じでなければならない。この公平性を担保するために、苦情対応が「組織対応」でなければならないという理由でもある。

２）苦情対応の目的

　苦情に正しく対応するには、苦情対応の目的を明確にしておくことが重要である。目的を明確にすることにより、苦情対応を前向きかつ積極的に捉えることができる。苦情対応を受身的に捉えると、対応がうまく進まなかったり、苦情申出者に悪い印象を与えたりする。それ以上に、苦情対応者自身、惨めな気持ちになるものだ。いずれにしても、苦情対応という業務に「誇り」をもつことが大切で、この誇りが自信になり高品質の苦情対応につながる。同時にカスタマーハラスメントにも打ち勝つことができる。

　苦情対応の目的は、苦情に正しく対応して苦情申出者に満足してもらうこと、そして、その声を企業として経営に活かすことである。

まず、その苦情に正しく対応（解決）することである。苦情申出者に満足してもらうことが第一義で、苦情申出者が苦情を申し出る動機が苦情の解決であるからだ。その結果として、リピート客そしてファンになってもらうことにもつながる。

　苦情に対して申出者の立場に立って傾聴し理解して、客観的に判断し丁寧に対応して、苦情申出者に理解され満足してもらうことが最も重要なことである。しかし、すべての苦情において、申出者に理解され満足してもらえるとは限らないが、少なくとも対応内容に一定の理解が得られるとか、対応姿勢が理解されるように努めなければならない。

　次に、苦情を経営に活かすとは、苦情を「消費者の声」として捉えて製品やサービスそして経営に活かすことである。具体的には、同様の苦情の再発防止に活かすこと、そして、製品やサービスそして経営の改善等に活かすことで、ＶＯＣ（Voice Of Customer）活動といわれて活発化している。苦情を活かす重要性は、消費者が実際に製品を使用したり、サービスを享受するときの困りごとであったり被害であったりするからであり、苦情が製品やサービスの開発や改善につながった事例も少なくない。苦情は「宝の山」といわれる所以である。ただし、活かすには苦情を分析する能力が重要であることを忘れてはならない。

３）苦情対応の基本

　苦情とは、企業から購入する製品やサービスまたはその取引に関連して受ける肉体的、経済的被害または不利益と定義づけられる。消費者問題に消費者の感情が重なって発生するものがほとんどであり、企業に対する積極的な働きかけである。

　それ故、企業には、苦情の申し出に対して、前向きに傾聴し、相手の立場を理解して丁寧に対応することが求められる。また、苦情申出者は、情報等の格差に加えて、申出内容は正しいとの意識で苦情を申し出ていることを理解して冷静かつ真摯に対応すべきである。

　具体的には、次の苦情対応のポイント（消費者重視、親切丁寧、公平性、正

確性、客観性、迅速性、透明性、機密保持）に留意し、明確かつ具体的に対応することが大切である。結果として、社会からの信頼の確保につながる。

【苦情対応のポイント】

①消費者重視が、苦情対応における基本のスタンス（姿勢）である。苦情の受付や判断そして苦情対応において、消費者（相手）の立場に立って行動することが重要である。

②親切丁寧とは、苦情申出者が容易かつ安心して苦情を申し出ることができるようにして、親切・丁寧でわかりやすい対応に取り組むことである。

③公平性は、消費者すべてに同じ対応を行うということで、そのためには一つの基準（マニュアル）が必要である。苦情対応は、苦情申出者に満足されることが第一義であるが、満足してもらえないこともあり得る。それ故、社会から理解される判断基準が必要である。

④正確性は、苦情を客観的に判断するために不可欠な要素で、苦情内容を正確に把握することがベースである。苦情を受けるとき、素直に聞き、冷静に受け止め、そして正確に記録することから始まり、解決に至るまでの経過の記録も求められる。また、正しく判断するために調査が必要なこともある。苦情対応での正確性を担保するために、三現主義（現場・現物・現実）が重視される。

⑤客観性は、苦情対応において最も重要な判断基準である。客観性の担保がなければ社会的判断が正しく機能しない。客観性は、公平性のベースであり、また、苦情申出者は「自分が正しい」という考えのもと、苦情を申し出ているのであり自分本位であるから、苦情申出者に理解してもらうには丁寧な説明を忘れてはならない。客観性の担保には、コンプライアンスが重要である。

⑥迅速性とは、苦情が苦情申出者にとって不満足であり、困りごとであるが故に迅速な判断そして対応が求められるのである。ただし、早ければよいというものではなく正しい対応が重要だ。また、苦情受付から対応に至るまで、苦情申出者とコミュニケーションを図ることが大切で、たとえば、苦情への

対応日程を苦情申出者に連絡するのも一つの方法である。

⑦透明性は、企業活動全般において重要な要素である。特に苦情が製品やサービスなどへの不満足であるが故に、企業に対する不信感があるのが当然だ。従って、苦情に関連する情報は可能な限り、苦情申出者に提供（説明）するようにすることであり説明責任だといえる。もちろん、社会的にみて開示すべきでない情報はその限りでない。

⑧機密保持は、苦情対応における個人情報の保護のことで、個人情報が保護されていなければ、消費者は苦情を申し出ることさえできない。すなわち、苦情を解決するために企業内のみで使用する場合、および、苦情申出者の同意を得たときを除き、公表・開示はせずに適切に保護・管理する。

　いずれにしても、企業は、苦情対応の目的を正しく理解し、苦情対応の基本に沿った判断基準や対応ルールを明確にして順守（コンプライアンス）しなければならない。そのために「苦情対応マニュアル」を策定し企業内に徹底して順守することが求められる。

3．マニュアル化

1）信頼される対応

　苦情対応は、消費者や社会からの信頼がなければ、正しい苦情の解決は望めない。たとえ、苦情申出者に提案した対応案が正しいと考えていたとしても、申出者少なくとも社会から理解されるものでなくては、満足はおろか諦めすら望めない。もちろん、申出者の諦めを期待するものではないが、反発や反感は絶対に避けるべきだと考える。

　そして、組織（企業）として一貫性のある対応が重要である。すなわち、継続性が保たれてなければ信頼されない。苦情対応の信頼性の担保には、苦情対応のルールをマニュアル化することが不可欠であり、そのマニュアルが社会的に信頼されるものでなければならない。

　苦情対応マニュアルは、苦情対応の考え方（基本）をクリアするものである

ことが前提であるが、マニュアルが苦情対応者にわかりやすく順守されやすいものでなければ意味がない。そのためには、マニュアルは具体的なものであり、苦情対応の実態に合ったものでなければならない。

２）苦情対応マニュアル（お客様対応マニュアル）

　苦情対応マニュアルは、苦情対応者にとってわかりやすく活用しやすいことが重要である。それ故に、苦情の捉え方により苦情対応マニュアルの名称や適用範囲も異なる。

　通常、苦情は「ご不満」、「ご指摘」など、企業の考え方や消費者との関係、そして苦情の捉え方・内容等を考慮して名付けられている。また、苦情と相談との関係や、苦情が不満足の表現であるなどを考慮すると、苦情対応と相談対応を合わせて「お客様対応」にまとめるとわかりやすく徹底しやすいと思う。従って、「お客様対応」に一本化して、名称を「お客様対応マニュアル」とし、消費者からの相談や苦情等のすべての働きかけへの対応マニュアルとすることを勧める。

　お客様対応は業種や企業の考え方により詳細は異なると考える。ここでは、製造業向けのマニュアルを例示する。

　お客様対応マニュアルは、①お客様対応の目的、②相談（以下：ご相談）と苦情（以下：ご不満）の説明、③お客様対応の基本、④応対の手順、⑤ご不満対応の手順、⑥文書回答、⑦製品事故・品質問題、⑧制度関連、⑨不当要求、⑩法的・関係機関対応について、わかりやすく記載することになる。従って、このマニュアルはお客様対応者向けにできるだけ具体的に記載するので社外秘として、信頼の確保のためには、後述の「お客様対応規程」の開示を前提とするのがよい。なお、以下の「お客様対応マニュアル」には数字や部門名などは触れないが、実際に作成するときには記載することになる。

【お客様対応マニュアル】

1. お客様対応の目的

　〇〇〇〇株式会社（以下、当社という）は、「お客様第一」の経営理念のもと、お客様からのご相談やご不満を前向きに受け止め、誠意をもって迅速かつ的確に対応し正しく解決して、お客様に満足いただくと同時に、お客様からのご相談やご不満をお客様の声として真摯に受け止め、関係部門にフィードバックして、製品やサービスなどの経営活動に活かす。

2. ご相談とご不満

　当社は、製品やサービスに対するご相談もご不満も本質のところでは同じと考え、そのお客様からの申し出に対して公平・丁寧かつ真摯に対応する。ご不満とは、危害・危険、財産損害、品質・表示・サービスに起因する不満足、および、対応についての不満足の申し出である。

3. お客様対応の基本

　お客様が当社にご相談やご不満を申し出られるのは、お客様の権利であると同時に、当社がご相談やご不満を受ける旨を公表しているからで、お客様からの申し出に対して、たとえ申出内容が他部門のことであっても部門紹介という対応でなく、一次対応のうえ折り返し架電する。

　①お客様の気持ちになることが大切。

　　お客様の多くは、不安と期待をもちつつ申し出ておられる。

　②お客様の申し出を素直に聞き、正確に記録する。

　　先入観をもたず素直な気持ちで最後まで聞き、途中での発言は慎む。

　③申出内容を正しく理解し、公平かつ客観的に判断をする。

　　お客様の立場を理解し、お客様視点で判断する。決して企業エゴに陥らないようにする。

　④お客様の立場に立ち誠意をもって対応する。

　　誠意をもって迅速に対応する。お客様のエゴの容認は真のお客様第一ではないが、丁寧な対応を心がけ感情面での配慮が大切である。

　⑤責任をもって取り組み、タライ回しをしない。

たとえ、担当外の内容でも、誠意をもって受け付け、担当部門から回答する。

4. 応対の手順

(1)電話応対

電話応対の手順は、ご相談もご不満も同じでお客様に対し親切に応対する。

①ベルが鳴ったらすぐ（3回以内）に出る。

②こちらから挨拶をして名乗る。

　　午前中は「おはようございます。○○でございます。」（部門名または名前）

　　午後は「お待たせいたしました。…」または「ありがとうございます。…」

③申出内容を正確に最後までやさしい気持ちで聞く。途中で口を挟まない。

④所定のフォーム（受付シート）に記録する。

　　受電時に録音する旨を告知している場合も記録する。

⑤申出内容に不明なことがあれば、具体的かつ丁寧に確認する。

⑥回答（説明）は、わかりやすく簡潔に。専門用語は可能な限り避ける。

　　長い保留は禁物、保留30秒が限界。調べ直すときは折り返し電話にする。

⑦折り返し電話やご不満のときは、お客様の名前、電話番号、必要に応じて、住所を聞き復唱して確認し、以降の連絡日程等を伝える。

　　ご不満等で「責任者に代われ」と要求されたときも、原則折り返しとする。

⑧終わりの挨拶も忘れずにする。

　　説明で終了「ありがとうございました。○○です。失礼いたします。」

　　お願いで終了「よろしくお願いいたします。○○です。失礼いたします。」

(2)訪問応対

ご不満対応は、できるだけ電話対応で理解いただくように努めるが、理解されないときや重大なときは苦情申出者宅を訪問する。

①事前に訪問日時および訪問する担当者名を明確にして約束をとる。

　　複雑かつ解決が困難なときや不測の事態が予測される場合は2名で訪問する。（1名は記録係や専門家として）

②申出者宅に5分前に訪問する。

タクシーを乗りつけない。申出者の近くの喫茶店等で打ち合わせはしない。

③申出内容は事前に整理し頭に入れておく。申出者に見せたくない書類は対面しているときは出さない。

④まず挨拶をして名刺を渡してから訪問の目的を伝える。

　　人身事故等の場合は、お見舞いを申し上げて症状などをうかがう。

⑤すでに聞いている内容を伝えつつ、確認する意味で申出者に内容を聞く。

　　製品事故等の場合は、現品や現場を見せていただく。

⑥対応（解決）案が準備できているときは提示（説明）する。

⑦原因究明に必要なときは現品を預かりたい旨を申し出る。

　　現品を預かるときは必ず預り書を渡す。原因究明のために分解等が予想される場合は承諾書で了解いただく。

　　日常生活に必要な場合は、貸出か交換かを明確にして代品を渡す。

⑧提示した対応（解決）案に同意されないときは持ち帰り、後刻回答する。

　　その時点の約束事項や後刻の回答日時を明確にして申出者宅を退出する。

　　常識外れの長時間滞在はしない。

5. ご不満対応の手順

(1)申し出の受理

①申し出は、正しくかつ効果的に対応するために素直に聞き、その内容を所定のフォーム（受付シート）に記録する。

②電子メールや書簡のときは、24時間以内に受理した旨を伝える。書簡のときは、電話番号がわかれば電話で連絡する。

(2)初期評価

①受理後、申出内容の重大性、安全性、複雑性、即時処置の必要性および重要性などを初期評価する。

②安全性については、法令に基づく報告義務を順守する。（消費生活用製品安全法：重大製品事故・10日以内）

(3)調査・原因究明

①原因究明には、申出内容を正確に把握することが不可欠であり、三現主義

（現場・現物・現実）の徹底が重要である。

②訪問時には、現場・現物を確認すると同時に、詳しく状況を聞く。申出者の了解のもと預り書を渡し現品を預かる。また、原因究明のために分解等が予想される場合は承諾書も必要となる。但し、消防署や警察等の公的機関が関わっているときは公的機関の了解が必要となる。

　また、現場の写真撮影が必要なときは申出者の了解をとる。

③電話受付で現品を送ってもらう場合は、郵送料や代品に関する当社ルールに従う。

④対応部門は、原因究明部門（技術・品質管理部門等）に申出者等から入手した情報や現品等のすべてを迅速に提供する。

⑤原因究明部門は、必要に応じて、公的規格・社内規格等の基準との適合性、再現テスト等の性能テストを実施するとともに、同種の問題がなかったかも確認する。また、公的機関が原因究明されている場合はそれを尊重する。

⑥表示や取扱説明書の表現および記載内容について、不適切なものがないかを確認する。

（4）対応案と是正・予防処置

①究明された原因に基づき、対応（解決）案を総合的に検討する。

　状況により、制度等のルールに基づいた案、申出者の立場に立った社会的に許容される一歩譲歩した案の2案を策定する。但し、特別対応といわれるものではない。

②物損や拡大損害のときに支払うものとして、見舞金（企業に責任がないと思われるとき）、解決金・和解金（企業に責任の可能性があるとき）、損害賠償金（企業に責任があるとき）がある。

③調査や原因究明に基づき、ご不満の未然防止の視点から是正・予防処置を検討する。

（5）対応の伝達と実行

①対応担当者は変更せずに対応する。（窓口の一元化）

②丁寧に対応案（第2案を提示する場合もある）を説明しても理解いただ

けない場合は、毅然と対応することになる。

③その後、他部門に申し出られる可能性があるときは、社内関係部門（社長室を含む）にこれまでの対応状況を連絡する。申出者から再度申し出があれば、対応部門に戻してもらう。

（6）報告と管理

①ご不満対応の結果は、お客様対応責任者および関係部門に報告する。

②対応内容や決定事項または処置を受付シートに記録し、個人情報保護規程を順守して情報管理する。

③未解決のご不満は再度申し出られる可能性があるので、その旨を記録して、その後の進捗状況を監視できるようにする。

6. 文書回答

ご不満対応では苦情申出者から文書回答を要望されることがあるが、原則としてお断りする。特に、現場で担当者の判断による文書は絶対に避ける。現品を預かるときは、事前に預り書を用意する。

なお、文書をお断りするのは、当社の意図等が正確に伝わらないこともあり得ると考えるからで、最終的には公表されることを前提として、社会的そして法的に耐え得る最終的な回答として文書を渡す。

7. 製品事故・品質問題

人身被害や火災事故に至る製品事故・品質問題は、迅速かつ慎重なる対応が要求される。社会的・経済的側面の両面から、全社的見地で対応する。

（1）人身被害のとき

①社内の関係部門との連携のうえで、お見舞いと状況確認のために申出者宅を訪問する。

②通院されているときは、医者の所見を聞き、最終的に診断書をいただく。

③入院されているときは、お客様の了解のもとお見舞いに行く。

④被害者には治療に専念いただく。状況を確認のうえ治療費を当社が負担する旨を伝える。

⑤原因究明のために事故品を預かりたい旨を申し出る。

⑥状況により生産物賠償責任保険のこともあるので保険会社に連絡する。

⑦治療が終わった段階で、慰謝料等の話し合いに入る。

⑧最終的には、合意書（示談書）をいただく。

(2)火災事故のとき

①消防署への連絡有無を確認し、連絡されていないときは被災者から消防署に連絡していただく。

②社内の関係部門と連絡をとり、お見舞いと現場確認のために申出者宅を訪問する。

③拡大被害が考えられるときは、保険会社に連絡し現場に同行する。

④申出者に出火状況等を詳しく聞き正確に記録し、申出者の了解のもと現場写真を撮る。

⑤消防署と同席になったときは、消防署の発言（見解）を聞き逃さないようにする。

⑥事故品は不用意に持ち帰らない。申出者に加えて消防署または警察の許可を得たうえで預り書（解析のために分解する旨を明記）を渡して現品を持ち帰る。

⑦消防署から解析依頼されたときは消防署に立ち会っていただく。報告先は消防署。原因不明が予測されるときは第三者原因究明機関も検討する。

8. 制度関連

当社の制度や施策に沿って遂行しているにもかかわらずご不満に至ったときで、たとえば、保証期間経過後すぐ故障、有償修理に納得できないなど。

①申出内容を素直な気持ちで聞く。

②当社の制度の現状や意図するところを丁寧に説明する。

③申出内容を一旦受けとめ、改めて回答する。

④対応案の検討は、個別問題と全体問題に分け、個別問題として捉える場合は社会的に容認される範囲であること。

⑤個別問題としての回答を誠意をもって伝える。

9. 不当要求

不当な要求には毅然とした対応が不可欠であるが、不当であるかどうかは、客観的に判断する。先入観をもって経緯や感情で判断すべきでない。

①申し出を素直に聞く。

②申出内容が正当かどうかを当社の制度や法的・社会的見地から判断する。

③不当と判断した場合は、関係部門に連絡のうえ毅然と対応する。

④毅然とした対応に対する更なる不当要求には法的対応も視野に入れる。

10. 法的・関係機関対応

ご不満には誠心誠意をもって対応するが、不当な要求や身の危険を感じることもあり得る。このようなとき、弁護士や警察に相談や支援を依頼する。

(1)弁護士

告訴されたとき、お客様対応責任者は法務部門を通して顧問弁護士に依頼し答弁書を作成・提出して対応（訴訟）する。

一方、当社より代理人を立てるときは、顧問弁護士に相談し、代理人として対応（交渉）を依頼することになる。しかし、苦情申出者に不必要な感情問題を起こすことが考えられるので、弁護士に相談するのみにとどめることが望まれる。

(2)警察

不当要求されるなかで暴力行為や脅迫・恐喝など刑事事件が発生する可能性があるときや発生したときは、必ず警察に相談して指導・支援していただく。相談する警察は所轄の警察署で、傷害等の被害を受けたときは被害届を出す。

(3)行政機関経由

通常、苦情申出者はご不満を販売店または当社に申し出られるが、納得できないときは消費生活センター等の行政機関に申し出られることがある。行政機関経由のご不満ということで対応内容を変更する必要はないが、行政機関は公平性を重視されることを留意して経過等をしっかり説明する。最終的に報告書の要請があれば提出する。

(4)マスコミ対応

マスコミからの問い合わせ（取材）には、その内容を聞き、折り返し電話を基本とする。マスコミの社名と名前および電話番号を聞きマスコミの窓口である広報部門より連絡（架電）してもらう。

第２章　信頼の確保

１．信頼される経営

　グローバル化の進展にともない、規制緩和が推進され、経済活動の活性化に取り組まれてきた。一方、安全問題をはじめ、企業の不祥事が発覚するなど、消費者の企業に対する信頼感が大きく損なわれた。消費者の信頼を裏切った結果、一夜にして市場から退場しなければならない事態も発生した。企業は消費者や社会からの信頼なくしては、発展どころか存続すらできない。

　ところが、消費者からの信頼は消費者の意識のなかで生まれるもので、製品やサービスそして企業行動から消費者が抱くものである。それ故に、企業は企業活動を展開しつつ経営姿勢を示して消費者からの評価を待つしかない。消費者や社会から信頼されるには、企業は企業活動を積極的に展開し経営姿勢も前向きに提示することに取り組むことが大切だと思う。具体的には、企業の役割、企業姿勢、社会との関係への取り組みに整理することができる。

　まず、「企業の役割」として、社会にとって有用な製品やサービスを適正な価格で持続的に提供することである。そして、製品やサービスが高性能・高品質であり、安全が担保され安心して使用でき享受できることが求められる。加えて、製品やサービスに関する情報が正確かつ適切に消費者に提供され、接客や説明などの対応においても親切丁寧であり、公平かつ誠実であることが大切である。いずれにしても、企業が社会にとって有用な存在として認められることが重要と考える。

　有用で安全な製品やサービスの提供は企業そのものの存在意義であり、消費者から信頼される基本条件で、とりわけ、安全の問題は絶対的な条件である。しかし、絶対安全を追求すべきではあるが、消費生活において絶対安全の確保が困難であるのも現実で、それ故に「安全の担保」という取り組みが企業として不可欠となる。

　次に、「経営姿勢」の問題である。企業の不祥事が発覚し、コンプライアンスがクローズアップされた感があるが、以前からコンプライアンスは企業経営における重要な課題であった。コンプライアンス（compliance）は、法令遵守と訳されるが、法令を含めた社会規範を順守することである。

　企業が有用で安全な製品やサービスを提供するには、法令をはじめ社会規範や各種ルール・基準を順守することが不可欠である。その結果、消費者からの信頼につながるが、製品やサービスに基づく信頼は受動的な信頼であり、簡単に獲得できるものでない。従って、有用で安全な製品やサービスの提供に真摯に取り組みつつ、コンプライアンスを徹底して信頼確保につなげる活動は能動的な取り組みといえる。

　「コンプライアンス経営」の実践を消費者に訴求すること、すなわち、能動的に信頼の確保に取り組むことは企業経営において有意義な取り組みであり、具体的には、経営理念をはじめ経営姿勢を開示し実践して評価してもらうことである。

　企業経営とは企業をマネジメント（管理・運営）することであるが、そのため、創業者の思いが反映された経営理念があり、経営理念を具現化するための「自主行動基準」、そして、各事業・職務単位で実践するための「社内規程」や「マニュアル」などにより経営されている。企業により、経営形態（マネジメントシステム）および呼称等には若干の差異があり、具体的な目標として中期計画や事業計画がある。いずれにしても、これらを制定・策定して開示する姿勢で経営されることが大切である。同時に、自主行動基準や社内規程のベースには、消費者目線の「消費者志向経営」の考え方と、社会規範を順守する姿勢が重要であるのは当然のことである。社会規範とは、法令、道徳、慣習などであり、国際規格（ISO）や国内規格（JIS等）も含まれる。

　自主行動基準には社会規範も組み込まれるが、苦情対応ではISO／JIS規格に準拠した苦情対応の社内規程を制定し、苦情対応マニュアルを見直すことが有効である。すなわち、社会から認知されたルールでの苦情対応を実践することになり、消費者や社会からの信頼の確保につながるのである。

もう一つは「社会との関係」である。企業が社会にとって有益であり信頼されるには、社会的責任を果たし、社会に貢献することである。以前から、企業は「社会の公器」であるとして企業経営されているが、企業の社会的責任（Corporate Social Responsibility：CSR）や社会貢献について、明確に取り組むことにより、消費者や社会からの信頼の確保につながると考える。

企業として、社会的責任や社会貢献についてマネジメントシステムを意識してグローバルに取り組むことが重要である。具体的には、ISO／JIS Z 26000の取り組みであり、国連のSDGs（持続可能な開発目標）への貢献である。

２．安全の担保

１）消費者安全

製品やサービスを提供するとき、「安全」が最も重要な要素である。消費者が製品を使用するときやサービスを受けるとき、製品やサービスの機能や性能がよくても安全問題があっては困る。消費者が製品やサービスを選択するとき、安全は当然のこととし、機能や性能そして価格などで判断している。しかし、消費生活では安全に関する問題が発生している。また、消費者が生活する社会には「絶対安全」が存在しないのも事実である。

提供される製品やサービスが安全面で完璧であるべきだが、残念ながら、そうではない。加えて、製品やサービスの提供を受ける消費者側にも、不注意や不用意な行動もあれば、誤使用もある。それ故に、少なくとも、身体に関わる問題などの重大問題があってはならない。企業は、消費者の安全に対しては完璧をめざすことが望まれる。

また、製品やサービスそのものの安全はもちろん、製品やサービスに関する使用上の情報提供や注意喚起も重要である。消費者・使用者の目線で、多くの消費者が実践できる内容を、わかりやすく提供されていることが大切である。同時に、万一品質問題が発生したとき、それを提供した企業は迅速かつ的確なリコールをしっかり実施することも重要な責務である。リコール情報の徹底もポイントである。

　2006年、経済産業省は、製品事故が相次ぎ、製品安全に対する世の中の関心が高まっているとして、製品安全対策を最重要課題と位置づけ、消費生活用製品安全法を改正し、製品事故情報の報告・公表制度を創設している。

　2007年、この報告・公表制度は消費者を守るための最低限のルールで、製品安全を向上させるには、法的な義務づけのみならず製品安全の確保を経営の基本方針にしっかりと位置づけ、経営トップから末端の社員を含めた全社的な製品安全体制の構築と製品事故への迅速かつ適切な対応がなされることが不可欠であるとして、経済産業省は、産業構造審議会製品安全小委員会の審議を踏まえて、「製品安全自主行動計画策定のためのガイドライン」を公表している。

　このガイドラインは、「製造事業者に係る自主行動指針」、「輸入事業者に係る自主行動指針」、「修理・設置工事事業者に係る自主行動指針」、「販売事業者に係る自主行動指針」の4指針で構成されている。

2) 製品安全自主行動計画の策定

　製造事業者に係る自主行動指針は、製品安全に対していかに行動計画を策定すべきかが整理して記載されている。具体的には、消費生活用製品の製造事業者は以下に掲げる対応を製品安全自主行動計画として策定し、それに沿って行動すること、また自主行動計画の内容について、可能な限りサステナビリティレポートやホームページ等で情報開示することが望まれるとしている。

　信頼の確保には「安全の担保」が不可欠であり、組織としての安全への取り組み、リスク管理、情報開示・説明責任の徹底、そしてリコール体制の整備が重要である。以下の経済産業省「製造事業者に係る自主行動指針」に沿って、「製品安全自主行動計画」を策定し実行することが重要である。

【製造事業者に係る自主行動指針】

1. 企業トップの意識の明確化について

　(1)性能の高度化や製品コストの低減を追求するだけでなく、消費者に安全な製品を供給し、安全・安心な社会を構築するといった社会的責任を十分に

認識し、経営の基本方針に「消費者重視」、「製品安全の確保」を掲げ、経営者自らの言葉として、その方針を具現化したメッセージを社員に発すること。

(2)会社法では、大企業等に対し、内部統制システム（取締役等の職務の執行が法令及び定款に適合すること等、会社の業務の適性を確保するための体制）構築の基本方針を取締役会で議決し、事業報告において開示することを義務付けているが、自主行動計画についても、内部統制の一環として取締役会で議決し、策定した旨を対外的にも開示すること。

2. 体制整備及び取組について

(1)リスク管理体制の整備

①誤使用も含めた製品の使用に伴うリスクの洗い出しを行い、そのリスクを評価し、その結果を製品の設計、部品、警告ラベル、取扱説明書にフィードバックする等、継続的な製品安全向上に努めること。

②製品の安全基準、品質管理、原材料や部材の調達先の把握、その調達先との製品仕様に関する情報共有体制、事故報告マニュアル、苦情対応マニュアル、製品回収等のリコール発動要件等を含めた製品安全の確保のために必要な各種規程類を策定すること。

③品質管理にとどまらず、原材料や部材の調達、製品の製造、製品の販売等において、社内の部署を横断的に指示できる権限を有する製品安全担当部署を設置すること。

④重大製品事故の発生等により消費者が大きな被害に遭う場面を想定した緊急対応マニュアルを作成し、実効性ある緊急時の体制を整備すること。

⑤法令遵守の周知徹底を図るための教育・研修体制を整備するとともに、自主行動計画の実効性が確保されているかどうか、定期的に内部監査等によりモニタリングを実施すること。また、教育・研修やモニタリングの結果を踏まえ、必要に応じ、各種規程類、体制、内部監査手法等を見直すこと。

(2)情報の収集・伝達・開示等の取組について

①製品事故等（欠陥、不具合、苦情、類似製品の事故）の情報について、消費者や販売事業者、業界団体等からの積極的な収集体制を整備すること。

　その際、消費者や販売事業者から見て受付窓口を明確にする等の体制を整
　備すること。

②製品事故等の情報について、社内への伝達体制を整備すること。

③製品事故等の情報について、消費者、販売事業者等の社外の関係者に対す
　る開示体制を整備すること。

④製品事故等の情報について、販売事業者等の社外の関係者との間で情報を
　共有し、共用できるような体制を整備すること。

⑤製品事故等の情報について、情報を入手した部署は直ちに経営トップ等に
　伝達すること。

⑥製品事故等の情報について、消費者の安全・安心を第一として消費者に対
　して迅速かつ適切に開示すること。

⑦製品事故等の情報について、販売事業者、修理・設置工事事業者等の社外
　の関係者に対して迅速かつ適切に開示すること。

⑧製品事故等の情報について、事故等が製品の部材に起因すると認められる
　場合においては、可能な範囲で、当該部材を使用している他の製造事業者
　等に対して開示すること。

⑨製品事故等の情報を提供した販売事業者や同一製品を扱う取引先販売事業
　者に対し、当該情報に基づき行った対応策をフィードバックすること。

⑩国への報告義務となっていない重大製品事故以外の製品事故等についても、
　積極的に独立行政法人 製品評価技術基盤機構（NITE）へ報告すること。

⑪グループ企業や業界団体においては、製品事故等の情報をグループ企業又
　は業界団体各会員から収集・集約し、適切に公表すること。

（3）製品回収等の取組について

①製品回収対応マニュアルを作成し、速やかで実効性のある製品回収実施体
　制を整備すること。

②重大製品事故が発生する等の事態に至った場合、消費者の安全を確保し企
　業としての社会的責務を果たす観点から、速やかに製品回収等の対応をと
　ること。

③製品事故等の情報を基に、製品の設計、部品、警告ラベルや取扱説明書の改良にフィードバックすることにより、製品事故等の再発防止に努め、継続的に製品安全を向上させること。

④消費者に対して製品の正しい使い方を啓発、周知するとともに、製品の誤使用に関する情報の提供や、国等が主催する啓発活動への積極的な参画等を通じ、製品安全文化の定着に貢献すること。

⑤製品回収等の緊急時において、資金的に十分に対応できないおそれがある場合は、保険への加入を検討する等により、体制を整備すること。

3．コンプライアンス経営

1）自主行動基準とは

　2002 年 12 月、内閣府国民生活審議会消費者政策部会が、「消費者に信頼される事業者となるために―自主行動基準の指針―」を発表し、規制緩和が進展するなかで、法令による規制だけでなく、事業者と消費者の間の情報の格差（非対称性）を埋めるとともに、消費者の信頼を確保すべく事業者による自主行動基準を策定し運用することを提唱している。

　同報告書の要旨は、自主行動基準の策定・運用のあり方を示した指針となっており、企業経営は消費者をはじめとする社会からの信頼と共感を基本としている。しかし、最近続発した企業の不祥事は、消費者からの信頼を大きく損ない、市場経済そのものへの不信にもつながりかねない深刻な事態をもたらしている。不祥事を組織の内部に隠蔽することは許されないことであり、また可能でもない。不祥事を隠蔽していたことが後から発覚すれば、事業者が長年にわたって築き上げてきた信頼を一朝にして失い、市場からの撤退をも余儀なくされる。こうしたことを踏まえ、経営トップは自ら率先垂範し早急に自社の企業倫理を総点検するとともに、問題を未然に防止するための事前の対応に万全を期す必要がある。また、ひとたび問題が発生した場合は、社会に対して説明責任を果たし、有効な再発防止策を講じることが求められている。

　消費者や社会からの信頼を獲得していくためには、同報告書の要請に応える

形で、事業者がコンプライアンス経営に積極的に取り組むことが不可欠である。事業者は自らの経営姿勢、経営方針を対外的に明らかにし、透明性の高い経営を行っていくことが極めて重要であり、そのための手段として、自主行動基準の策定・運用が求められる。

　そして、経営姿勢は「消費者重視」でなければ信頼の確保は不可能である。すなわち「消費者志向経営」である。消費者志向経営とは、企業が社会の一員として持続可能な社会の発展に向けて、消費者からの信頼のもと、消費者の意向（ニーズ）を反映した製品やサービスを提供することを使命とする経営をいう。従って、具体的な取り組みには、提供する製品やサービスによって若干の差異はあるが、基本的には、製品の開発・企画から設計、調達、製造、品質管理、販売、アフターサービス、廃棄に至るまでの製品ライフサイクルにおいて、消費者志向（重視）で経営判断をして実践することである。サービスの分野も同様で、各段階において消費者志向の経営判断と実践が求められる。

　自主行動基準とは、事業者がめざす経営姿勢や消費者対応等に関する方針を具体的に文書化したもので、自主行動基準は積極的に公表するのが望ましい。自主行動基準の策定・公表により、事業者は自らの経営方針を消費者に明確に伝えることができ、消費者は自主行動基準を通じて事業者の経営姿勢を評価することが可能となる。自主行動基準は、計画－運用－監査－見直し（Plan－Do－Check－Act）のマネジメントサイクルのなかで絶えず見直しをしていく必要があり、事業者は自主行動基準の適切な運用のための継続的な努力を通じて、消費者からの高い信頼を確保できると同時に、競争力を高めていくことも可能となる。

２）経団連「企業行動憲章」

　一般社団法人 日本経済団体連合会（経団連）は、日本の代表的な企業、製造業やサービス業等の主要な業種別全国団体、地方別経済団体などから構成されており、その使命は、総合経済団体として、企業と企業を支える個人や地域

の活力を引き出し、日本経済の自律的な発展と国民生活の向上に寄与することにある。このために、経済界が直面する内外の広範な重要課題について、経済界の意見を取りまとめ、着実かつ迅速な実現を働きかけると同時に、政治・行政・労働組合・市民を含む幅広い関係者との対話を進められている。

さらに、会員企業に対し「企業行動憲章」の順守を働きかけ、企業への信頼の確立に努めるとともに、各国の政府・経済団体ならびに国際機関との対話を通じて、国際的な問題の解決と諸外国との経済関係の緊密化を図っている。

経団連は、民主導・自律型の活力ある豊かな経済社会の構築に全力を挙げて取り組まれているが、そのような社会を実現するためには、企業や個人が高い倫理観を持つとともに、法令遵守を超えた自らの社会的責任を認識し、さまざまな課題の解決に積極的に取り組んでいくことが必要となる。

そこで、企業の自主的な取り組みを着実かつ積極的に促すべく、1991年に「企業行動憲章」を制定、1996年、「実行の手引き」を作成、さらに数次にわたる憲章ならびに実行の手引きの見直しを行い、2010年9月には「企業の社会的責任（CSR：Corporate Social Responsibility）」を率先して果たす必要があるとし、序文に経緯と趣旨を、「社会の信頼と共感を得るために」をサブタイトルとして企業行動憲章を改定された。

2015年、国連で持続可能な社会の実現に向けた国際統一目標である「持続可能な開発目標（Sustainable Development Goals）」が採択され、その達成に向けて民間セクターの創造性とイノベーションの発揮が求められた。

2017年11月、1991年制定の「企業行動憲章」の5回目の改定を行い、企業行動憲章の改定にあたって～ Society 5.0 の実現を通じた SDGs（持続可能な開発目標）の達成～と題した序文において、持続可能な社会の実現が企業の発展の基盤であることを認識し、広く社会に有用で新たな付加価値および雇用の創造、ESG（環境・社会・ガバナンス）に配慮した経営の推進により、社会的責任への取り組みを進める。また、自社のみならず、グループ企業、サプライチェーンに対しても行動改革を促すとともに、多様な組織との協議を通じて、Society 5.0 の実現、SDGs の達成に向けて行動するとしている。

　企業は、公正かつ自由な競争のもと社会に有益な付加価値および雇用の創出と自律的で責任ある行動を通じて、持続可能な社会の実現を牽引する役割を担うとし、国の内外において次の 10 原則に基づき、関係法令、国際ルールおよびその精神を遵守しつつ、高い倫理観をもって社会的責任を果たしていくとされている。

　自主行動基準を制定または改定を検討するとき、経団連の「企業行動憲章」の改定経過等を理解し自社の経営形態に合わせて、以下にある企業行動憲章の10 原則を参考にすることが望ましいと思う。

【企業行動憲章の 10 原則】
（持続可能な経済成長と社会的課題の解決）
1. イノベーションを通じて社会に有用で安全な商品・サービスを開発、提供し、持続可能な経済成長と社会的課題の解決を図る。
（公正な事業慣行）
2. 公正かつ自由な競争ならびに適正な取引、責任ある調達を行う。また、政治、行政との健全な関係を保つ。
（公正な情報開示、ステークホルダーとの建設的対話）
3. 企業情報を積極的、効果的かつ公正に開示し、企業をとりまく幅広いステークホルダーとの建設的な対話を行い、企業価値の向上を図る。
（人権の尊重）
4. すべての人々の人権を尊重する経営を行う。
（消費者・顧客との信頼関係）
5. 消費者・顧客に対して、商品・サービスに関する適切な情報提供、誠実なコミュニケーションを行い、満足と信頼を獲得する。
（働き方の改革、職場環境の充実）
6. 従業員の能力を高め、多様性、人格、個性を尊重する働き方を実現する。また、健康と安全に配慮した働きやすい職場環境を整備する。

（環境問題への取り組み）

7. 環境問題への取り組みは人類共通の課題であり、企業の存在と活動に必須の要件として、主体的に行動する。

（社会参画と発展への貢献）

8.「良き企業市民」として、積極的に社会に参画し、その発展に貢献する。

（危機管理の徹底）

9. 市民生活や企業活動に脅威を与える反社会的勢力の行動やテロ、サイバー攻撃、自然災害等に備え、組織的な危機管理を徹底する。

（経営トップの役割と本憲章の徹底）

10. 経営トップは、本憲章の精神の実現が自らの役割であることを認識して経営にあたり、実効あるガバナンスを構築して社内、グループ企業に周知徹底を図る。あわせてサプライチェーンにも本憲章の精神に基づく行動を促す。また、本憲章の精神に反し社会からの信頼を失うような事態が発生した時には、経営トップが率先して問題解決、原因究明、再発防止等に努め、その責任を果たす。

3）自主行動基準の制定

　企業の経営形態は、各社で異なる特徴をもって起業され経営されて個々に違いがあるが、既述のように、企業経営における意思を徹底する基本的構成は、経営理念—自主行動基準—社内規程—マニュアル、そして中期計画・事業計画の順に考えるとわかりやすい。

　経営理念とは、その企業の経営活動の基本となるもので、経営者の経営哲学や信念を明文化して、企業の果たすべき使命や基本姿勢などを社内外に向けて表明するもので、企業理念、社是、綱領など、いろいろな呼称がある。

　自主行動基準は、経営理念を実践するにはどのように行動すべきかを明確かつ具体的に文書化したもので、自主行動基準、行動基準、行動指針など、企業により呼称は異なるが、その企業の経営理念を実現（実践）するときに不可欠なものである。それ故に、その企業の経営活動のすべてに関わる基準であり、

すべての部門（全社）に関わる内容（基準）である。

　自主行動基準は、透明性、倫理性、明確性、具体性、そして信頼性が重要で、その制定には、既述のように、経団連の「企業行動憲章」や、経済産業省の「製品安全自主行動計画策定のためのガイドライン」を参考にするとよいと思う。

　また、既述の「消費者志向経営」を加味することが重要である。消費者志向経営とは、企業が社会の一員として持続可能な社会の発展に向けて、消費者からの信頼のもと、消費者の意向（ニーズ）を反映した製品やサービスを消費者や社会に提供することを使命とする経営のことだが、具体的には、①消費者の権利の尊重、②コンプライアンス、③情報開示、④消費者とのコミュニケーションの実践、⑤情報セキュリティ、⑥地球環境の保護、といった視点が重要である。

　自主行動基準の内容（項目）は、業種や個々の企業によって異なるが、製造業であれば、研究開発、調達、生産、営業、広報活動、法令順守、製品安全、環境保全、情報管理、企業市民、従業員について、どのように取り組むかを明示することになる。以下、基本的な「自主行動基準」を例示する。

【自主行動基準：例】

1. 研究開発

　　私たちは、地球環境に配慮し、お客様に満足いただける製品の研究開発を推進します。

2. 調達

　　私たちは、法令を順守し、グローバルな調達先と公正かつ効果的な調達活動を行います。

3. 生産

　　私たちは、品質を第一に考え、新たな価値を創造し、豊かで快適な生活に貢献する生産活動に取り組みます。

4. 営業

　私たちは、お客様のニーズを的確に把握し、フィードバックするともに、製品・サービスを適時お届けし、ご要望に迅速に対応します。

5. 広報活動

　私たちは、常に事実に基づき、コミュニケーション活動を行うとともに、社会の声に耳を傾け、適切に事業活動に反映します。

6. 法令順守

　私たちは、常に法令はもちろん、企業倫理を順守して、誠実に事業活動を遂行します。

7. 製品安全

　私たちは、製品の安全性を最優先し、研究開発、生産、販売にあたり、安全に製品を使用いただくため、正しい使用方法などについて、わかりやすい表示や説明などの情報を適切に提供します。

8. 環境保全

　私たちは、環境視点で事業価値を創出し、環境保全と経済発展を両立させる持続可能な社会の実現をめざします。

9. 情報管理

　私たちは、有用な情報の適正な収集、情報の管理・活用、確実な廃棄を行うとともに、個人情報保護、情報セキュリティに取り組みます。

10. 企業市民

　私たちは、地域社会の一員であることを認識し、健全な社会づくりをめざし、社会と対話しつつ地域社会の発展に適切に対応します。

11. 従業員

　私たちは、一人ひとりの人格・個性を尊重し、人材育成と能力向上に努め、よき企業市民として行動するよう取り組みます。

4）社内規程の制定

　社会からの信頼を確保するには、企業経営に「社会規範」を導入することも

大切である。自主行動基準の制定について述べたが、企業活動を具体的に推進するためには「社内規程」が必要となってくる。社内規程は、個々の部門・業務に関するもので一つの企業にいくつもの社内規程がある。たとえば、人事規程、技術規程、製造規程、品質規程、営業規程、情報セキュリティ規程、そして苦情（消費者）対応規程などで、業種や企業によって異なる。

　本書は消費者との接点業務である苦情対応について述べているが、苦情対応で社会的に認知されている社会規範として、ISO／JIS Q 10002「品質マネジメント—顧客満足—組織における苦情対応のための指針」があるので、ISO／JIS 規格と社内規程の制定について解説する。

　この規格に準拠して、苦情対応の社内規程を制定して運用することは、社会規範の活用であり、消費者や社会からの信頼につながる。以前、苦情対応に携わっているとき、苦情申出者から「その対応は企業の論理だ」とか「企業の勝手な考え方だ」といって、企業の対応（解決案）をなかなか理解していただけなかったことがあった。企業の判断が第三者からみて客観的であったとしても申出者に理解されないこともある。

　ISO／JIS Q 10002 に準拠した「苦情対応規程」を制定し、その規程に基づく実務のマニュアル「苦情対応マニュアル」を作成または見直すことにより、消費者や社会からの信頼確保につながる。

　苦情対応規程を制定して運用することは、企業の意思を明確にすることになり、企業の考える苦情対応を社内に徹底することもできる。また、自ら律する「自律効果」の面でもプラス効果がある。

4．苦情対応の規格

　苦情対応規程を制定するにあたり、指針となる ISO／JIS Q 10002「品質マネジメント―顧客満足―組織における苦情対応のための指針」を理解することが必要だと思う。ISO 10002 が発行され、JIS Q 10002 が制定された経緯を知ることにより、この規格がグローバル視点で活用でき、グローバルな信頼の確保につながると確信できる。なお、苦情対応の指針である JIS Q 10002 がISO 10002 を基に技術的内容および構成を変更することなく作成した日本産業規格とあるので、以降、JIS Q 10002 のみの表現にする。

◇ JIS Q 10002 の経緯と概要

　1997 年 5 月、ISO／COPOLCO（国際標準化機構／消費者政策委員会）総会において、① Complaints handling（苦情処理）、② Market-based codes of conduct（市場に基づいた行動規範）、③ Industry-sponsored customer dispute systems（産業界支援の消費者紛争処理システム）の 3 課題をセットで提案されたのが発端である。この提案を受けて、1998 年 5 月の総会のCOPOLCO 決議において、グローバル市場ワーキンググループ（WG）が、次の総会までに消費者保護の分野で、Complaints handling を含む具体的提案を準備するように決議、1999 年 5 月の総会で、Complaints handling だけが国際規格化として取り上げることを勧告する決議がなされた。

　当時の通商産業省工業技術院標準部は、この国際規格化の動きに遅れることなく、国内規格を制定することとし、1999 年 6 月に日本規格協会内に設置された「消費者保護の国際化／苦情処理調査委員会」とその作業部会で検討、同月に第 1 回検討委員会を開催、10 月に素案、翌年 2 月の最終委員会において日本工業規格（案）が了承され、2000 年 10 月 20 日付で JIS Z 9920「苦情対応マネジメントシステムの指針」が制定された。

　2000 年 1 月に Complaints handling（苦情対応）の ISO 化が動き出し、2001 年に苦情対応作業部会として WG10 が設置され、日本、オーストラリア、イギリス、カナダを中心に、2003 年まで 5 回にわたる作業部会が実施された。

ISO 10002 作成時の作業部会の基本的スタンスは以下の通りである。

①本規格は「指針：Guidelines」であり、「要求事項：Requirements」では
　なく、第三者機関による認証目的での使用を意図しない。英文は基本的に
　「should」を使用し、日本語訳は「することが望ましい」という表現にする。

②できるだけ汎用性のある内容とし、日欧米の大企業・中小企業だけでなく、
　多くの国・規模の組織にも利用できるようにする。

③組織内での苦情対応のための指針として運用するように作成する。

④マネジメントシステムであること。

⑤用語等で ISO 9000 ファミリーと整合性をとること。

　2004 年 7 月 1 日、ISO 10002 "Quality management – Customer satisfaction
– Guidelines for complaints handling in organizations" が発行され、2005 年 6
月 20 日に JIS Q 10002「品質マネジメント－顧客満足－組織における苦情対応
のための指針」が制定され、JIS Z 9920 は廃止された。

　なお、1997 年に提案された残り 2 課題は、2007 年に ISO 10001、ISO 10003
として発行され、2010 年 9 月 21 日に JIS 化された。JIS Q 10001「品質マネ
ジメント－顧客満足－組織における行動規範のための指針」、JIS Q 10003「品
質マネジメント－顧客満足－組織の外部における紛争解決のための指針」で、
この消費者保護関連 3 規格の目的は、顧客満足を高め維持することである。

①第 1 段階：組織は顧客満足行動規範という形で顧客にその実施を明確に約束
　する。(JIS Q 10001)

②第 2 段階：顧客の期待を裏切り、苦情となってしまった場合には、まず組織
　内で受け付け自組織の苦情対応プロセスで解決をめざす。(JIS Q 10002)

③第 3 段階：組織内で解決できない場合は、組織外部で紛争解決を図り、顧客
　の不満足を解消するために全力を尽くす。(JIS Q 10003)

　2005 年に制定された JIS Q 10002:2005「品質マネジメント－顧客満足－組
織における苦情対応のための指針」の目次をみると、序文、1. 適用範囲、2. 引
用規格、3. 定義、4. 基本原則、5. 苦情対応の枠組み、6. 計画及び設計、7. 苦情

対応プロセスの実施、8.維持及び改善、附属書等で構成されている。すなわち、苦情対応の「基本原則」と「マネジメントシステム」のガイドラインである。

　基本原則は、①公開性、②アクセスの容易性、③応答性、④客観性、⑤料金、⑥機密保持、⑦顧客重視のアプローチ、⑧説明責任、⑨継続的改善で、マネジメントシステムは、①苦情対応の枠組み（コミットメント、方針、責任及び権限）、②計画及び設計（目標、活動、経営資源）、③苦情対応プロセスの実施（コミュニケーション、苦情の受理、苦情の追跡、苦情の受理通知、苦情の初期評価、苦情の調査、苦情への対応、決定事項の伝達、苦情対応の終了）、④維持及び改善（情報の収集、苦情の分析及び評価、苦情対応プロセスに対する満足度、苦情対応プロセスの監視、苦情対応プロセスの監査、苦情対応プロセスのマネジメントレビュー、継続的改善）であった。

　2019年9月、JIS Q 10002 は、ISO 9001:2015、ISO 9000:2015 との整合性をとるために改正された ISO 10002:2018 をもとに改正された。この改正は、「リスクに基づく考え方」が追加されたことによるもので、主な改正点は、定義・基本原則の一部および苦情対応の枠組みの一部である。以下、改正された基本原則等を紹介する。

【基本原則】

①コミットメント：組織は、苦情対応プロセスを定め、実施することを積極的にコミットメントすることが望ましい。

②対応能力：苦情対応のために、十分な経営資源を準備し、配置するとともに、効果的かつ効率的にマネジメントすることが望ましい。

③透明性：苦情対応プロセスは、顧客、要員及びその他の密接に関連する利害関係者に伝達することが望ましい。
　個々の苦情申出者には、その申出者の苦情への対応に関する適切な情報を提供することが望ましい。

④アクセスの容易性：苦情対応プロセスは、全ての苦情申出者が容易にアクセスできることが望ましい。苦情の申出及び解決の詳細についての情報を入手

できるようにすることが望ましい。苦情対応プロセス及びサポート情報は分かりやすく、使いやすいことが望ましい。情報は、分かりやすい言葉にすることが望ましい。（略）。

⑤応答性：組織は、苦情対応に関する顧客のニーズ及び期待に取り組むことが望ましい。

⑥客観性：苦情はそれぞれ、苦情対応プロセス全体を通じて、公平で、客観的かつ偏見のない態度で対応することが望ましい。

⑦料金：苦情対応プロセスへアクセスするときは、苦情申出者に対して、料金を請求しないことが望ましい。

⑧情報の完全性：組織は、組織の苦情対応に関する情報が正確で、誤解を招くことがないこと、及び収集したデータが関連していて、正しく、完全で、有意義かつ有用であることを確実にすることが望ましい。

⑨機密保持：苦情申出者個人を特定できる情報は、組織内での苦情対応の目的に限り、必要なところで利用可能とすることが望ましい。（略）。

⑩顧客重視のアプローチ：組織は、苦情対応に関する顧客重視のアプローチを適用し、フィードバックを積極的に受け入れることが望ましい。

⑪説明責任：組織は、苦情対応に関する組織の決定及び対応についての説明責任及び報告体制を確立し、維持することが望ましい。

⑫改善：苦情対応プロセスの有効性及び効率の向上は、組織の永続的な目標であることが望ましい。

⑬力量：組織の要員には、苦情に対応するために必要な個人的特質、技能、訓練、教育及び経験が備わっていることが望ましい。

⑭適時性：苦情は、苦情の性質及び利用されるプロセスの性質を考慮して、できる限り迅速に対応することが望ましい。

【マネジメントシステム：概要】

①苦情対応の枠組み

組織の状況、リーダーシップ及びコミットメント、方針、責任及び権限、に

区分し、組織のトップマネジメントがコミットメントを示し、推進すること
が重要とあり、責任及び権限では、トップマネジメント、苦情対応のマネジ
メント責任者、苦情対応プロセスに関わるその他の管理者、顧客及び苦情申
出者と接する全ての要員、全ての要員、に分けて具体的に記載されている。

②計画、設計及び開発

　効果的かつ効率的な苦情対応プロセスを計画し設計し開発すること、苦情対
応プロセスを使用する際に生ずるリスク及び機会を考慮すること、目標、活
動、経営資源、について具体的に記載されている。

③苦情対応プロセスの運用

　苦情の受理から、苦情の追跡、苦情の受理通知、苦情の初期評価、苦情の調
査、苦情への対応、決定事項の伝達、苦情対応の終了まで、について記載さ
れている。

④維持及び改善

　情報の収集、苦情の分析及び評価、苦情対応プロセスに対する満足度の評価、
苦情対応プロセスの監視、苦情対応プロセスの監査、苦情対応プロセスのマ
ネジメントレビュー、継続的改善、について説明されている。

　以上、JIS Q 10002「品質マネジメント－顧客満足－組織における苦情対応
のための指針」の概要であるが、既述のように、苦情対応は、消費者や社会か
らの信頼関係が不可欠であり、また苦情対応は組織対応でなければならない。
それ故に、苦情対応マネジメントシステムの構築が必要となる。具体的には、
社会規範である JIS Q 10002 に準拠する苦情対応規程を制定することである
が、JIS Q 10002 に準拠し適合すれば「自己適合宣言」ができる。

　自己適合宣言することにより、その企業が消費者志向経営に取り組んでいる
というイメージの定着に可能性が生まれる。と同時に、宣言することにより、
自らを律する自律効果も考えられる。もちろん、自己適合宣言を行うには監査
を必要としており、この規格は苦情対応のスパイラルアップを期待している側
面もある。

５．社会的責任の規格

　企業の社会的責任は、利益の追求だけでなく、企業活動が社会へ与える影響
に責任をもち、あらゆるステークホルダー（利害関係者：消費者、投資家、従
業員、地域社会、環境など）に配慮した適切な意思決定をすることである。相
次ぐ企業の不祥事の発生や地球環境問題への対応など、様々な局面で社会的責
任を問う声が高まり、企業の多くが企業の社会的責任への取り組みに力を入れ
始めており、社会の持続可能な発展につながる活動でもある。また、近江商人
の「三方よし」や「社会の公器」という経営理念も、企業の社会的責任に通じ
る考え方である。

　2010 年に発行された ISO 26000 "Guidance on social responsibility" を基
に、JIS Z 26000「社会的責任に関する手引」が 2012 年 3 月 21 日に制定され
た。経団連「企業行動憲章」でも説明したが、企業は自主行動基準の制定にお
いて、企業の社会的責任（CSR：Corporate Social Responsibility）の視点か
ら確認することが重要である。自主行動基準は、個々の企業において項目に若
干の差異はあるものの、多くの企業では自主行動基準を制定し、「社会の公器」
を標榜されている。

　グローバル視点からも ISO ／ JIS Z 26000 に基づき、企業経営に社会的責
任を取り込むことが求められる。それ故に、自社における社会的責任の取り
組みを確認することが大切だと考える。なお、苦情対応の指針と同様に JIS Z
26000 が ISO 26000 を基に技術的内容および構成を変更することなく作成し
た日本産業規格とあるので、以降、JIS Z 26000 のみの表現にする。

◇ JIS Z 26000 の経緯と概要

　2001 年 4 月、ジュネーブで開催された国際標準化機構（ISO：International
Organization for Standardization）の「第 68 回 ISO 理事会」で、CSR に関
する規格策定について検討することが決議され、5 月に ISO ／ COPOLCO（消
費者政策委員会）にて、実現性の調査が開始された。翌年 5 月に報告書をまと
め、マネジメントシステム規格として検討することなどを提言。6 月に技術管

理評議会（TMB）のもとに「高等諮問委員会」を新設、2004年4月に勧告文が取りまとめられた。

勧告文の主な内容は、①第三者認証つきでないガイドラインにすること、②ステークホルダーの関与を促すこと、③結果重視の規格とすること、④労働分野でILOと連携するほか、国連グローバル・コンパクト、GRI、NGOなどの専門家を規格作成のプロセスに組み込むこと、⑤規格は文化的多様性を尊重するものであることであった。

2004年6月、ストックホルムにおいて、CSR国際会議（出席者：66ヵ国、335名）が開催され、「すべてのステークホルダーが、ISOとして第三者認証を目的としないSR（社会的責任）のガイドラインドキュメントを策定することを支持する」との結論に達し、2005年からSR WGがガイドラインドキュメントの策定作業を開始。2010年に最終国際規格案を提示し、2010年11月1日にISO 26000 "Guidance on social responsibility" が発行された。

2012年3月21日、ISO 26000を基に、技術的内容および構成を変更することなく、JIS Z 26000「社会的責任に関する手引」が制定された。

この規格は、マネジメントシステム規格ではなく、手引（ガイダンス）を提供することを意図し、組織の大小を問わず、先進国、途上国のどちらで活動するかを問わず、民間、公的および非営利のあらゆる種類の組織に役立つように意図されている。また、結果の重要性および社会的責任に関するパフォーマンスの改善を重要視し、あらゆる組織がこの規格を活用することによって、これまで以上に社会的に責任を果たすことを推奨している。

JIS Z 26000「社会的責任に関する手引」の目次をみると、序文、1.適用範囲、2.用語及び定義、3.社会的責任の理解、4.社会的責任の原則、5.社会的責任の認識及びステークホルダーエンゲージメント、6.社会的責任の中核主題に関する手引、7.組織全体に社会的責任を統合するための手引、附属書A、B、C、参考文献、解説で構成されている。

社会的責任とは、組織の決定及び活動が社会及び環境に及ぼす影響に対して、

透明かつ倫理的行動を通じて組織が担う責任と定義。組織が社会的責任に取り組み、実践するとき、その包括的な目的は持続可能な発展に最大限に貢献することであり、組織は、後述する中核主題の特有の課題とともに、以下の7つの原則を尊重すべきであるとなっている。

　社会的責任の原則として、以下の7つの原則を掲げ、原則ごとにその原則の説明と具体的に行うべき事項を、社会的責任の中核主題に関する手引では個々の課題が列記されている。

【社会的責任の原則：概要】

①説明責任：組織は、自らが社会、経済及び環境に与える影響について説明責任を負うべきである。

②透明性：組織は、社会及び環境に影響を与える自らの決定及び活動に関して、透明であるべきである。

③倫理的な行動：組織は、倫理的に行動すべきである。

④ステークホルダーの利害の尊重：組織は、自らのステークホルダーの利害を尊重し、よく考慮し、対応すべきである。

⑤法の支配の尊重：組織は、法の支配を尊重することが義務であると認めるべきである。

⑥国際行動規範の尊重：組織は、法の支配の尊重という原則に従うと同時に、国際行動規範も尊重すべきである。

⑦人権の尊重：組織は、人権を尊重し、その重要性及び普遍性の両方を認識すべきである。

【社会的責任の中核主題に関する手引：概要】

①組織統治：組織統治とは、組織がその目的を追求する上で、決定を下し、実施するときに従うシステムで、効果的な統治は、社会的責任の原則を組み込むこと。

②人権：人権とは、固有の権利で奪うことはできず、普遍的、不可分で、かつ

相互依存的なもので、組織は、自らの影響力の範囲内を含む、人権を尊重する責任を負う。

　課題1：デューディリジェンス、課題2：人権が脅かされる状況、

　課題3：加担の回避、課題4：苦情解決、課題5：差別及び社会的弱者、

　課題6：市民的及び政治的権利、課題7：経済的、社会的及び文化的権利、

　課題8：労働における基本的原則及び権利

③労働慣行：労働慣行は、組織とその直接の従業員との関係、又は組織が有する若しくは直接管理する職場を超えて適用され、労働は商品ではないという基本的原則のもと、労働者の基本的権利を保護する。

　課題1：雇用及び雇用関係、課題2：労働条件及び社会的保護、

　課題3：社会対話、課題4：労働における安全衛生、

　課題5：職場における人材育成及び訓練

④環境：組織は、自らの決定及び活動が経済、社会、健康及び環境に与える直接的及び間接的な関係を考慮した統合的手法を導入すべきとし、組織は、環境責任、予防的アプローチ、環境リスクマネジメント、汚染者負担、の環境原則を尊重し、促進すべきである。

　・環境責任：自らの活動が引き起こす環境影響に対して責任を負う。

　・予防的アプローチ：十分な科学的確実性がないことを理由にして環境劣化又は健康被害を予防する費用効果の高い対策を先延ばしにすべきでない。

　・環境リスクマネジメント：環境リスク及び自らの活動からの影響を評価し、回避し、軽減し、及び緩和するプログラムを実施すべきである。

　・汚染者負担：社会に対する環境影響の範囲及び必要な救済措置、又は汚染が許容レベルを超えた程度、いずれかに応じた汚染費用を負担すべきである。

　課題1：汚染の予防、課題2：持続可能な資源の利用、

　課題3：気象変動の緩和及び気象変動への適応、

　課題4：環境保護、生物多様性、及び自然生息地の回復

⑤公正な事業慣行：公正な事業慣行は、組織が他の組織と取引を行う上での倫

理的な行動に関係する事項で、社会的責任をより幅広く受け入れることによって実現できる。

課題１：汚職防止、課題２：責任ある政治的関与、課題３：公正な競争、

課題４：バリューチェーンにおける社会的責任の推進、課題５：財産権の尊重

⑥消費者課題：製品及びサービスを顧客及びその他の消費者に提供する組織は、それらの消費者及び顧客に対して責任を負う。

課題１：公正なマーケティング、事実に即した偏りのない情報、及び公正な契約慣行、課題２：消費者の安全衛生の保護、課題３：持続可能な消費、

課題４：消費者に対するサービス、支援、並びに苦情及び紛争の解決、

課題５：消費者データ保護及びプライバシー、

課題６：必要不可欠なサービスへのアクセス、課題７：教育及び意識向上

⑦コミュニティへの参画及びコミュニティの発展：コミュニティの発展への貢献を目的としたコミュニティへの参画を基礎にすべきである。

課題１：コミュニティへの参画、課題２：教育及び文化、

課題３：雇用創出及び技能開発、課題４：技術の開発及び技術へのアクセス、

課題５：富及び所得の創出、課題６：健康、課題７：社会的投資

　以上の中核主題の課題について、社会的責任の７つの原則でもって、自社の自主行動基準をチェック（見直す）することが重要だと考える。

　企業にとって、社会に貢献することが究極の目的であれば、まず、社会的責任を全うしなければならないことは自明の理である。具体的には、「組織」を「企業（当社・私たち）」と置き換えて、自主行動基準が社会的責任の原則をクリアしているかを確認することになる。なお、企業を取り巻く環境や経営形態等により、自主行動基準が社会的責任の中核主題のすべての課題をカバーしているとは限らない。社会的責任の原則で判断すればよい。

6．SDGs（持続可能な開発目標）

　2015年、国連において、持続可能な社会の実現に向けた国際統一目標である「持続可能な開発目標（SDGs）」が採択された。SDGsは、「誰一人取り残さない」持続可能で多様性と包摂性のある社会の実現のため、2030年を年限とする17のゴール（目標）と169のターゲットで構成されている。

　その特徴は、普遍性（先進国を含め、すべての国が行動）、包摂性（人間の安全保障の理念を反映し「誰一人取り残さない」）、参画性（全てのステークホルダーが役割を）、統合性（社会・経済・環境に統合的に取り組む）、透明性（定期的にフォローアップ）であり、その達成に向けて、国や企業・団体などあらゆるセクターにおいて取り組まれるものである。企業として、事業活動を通じてSDGsの達成に貢献することが大切である。

　SDGsは17のゴール（目標）、169のターゲットと広範である。本書は苦情対応を取り上げているので、17ゴールと「つくる責任　つかう責任」のターゲットについて紹介する。

【SDGz・17ゴール　169ターゲット：概要】

①貧困をなくそう（7ターゲット）

　あらゆる場所のあらゆる形態の貧困を終わらせる。

②飢餓をゼロに（8ターゲット）

　飢餓を終わらせ、食料安全保障及び栄養改善を実現し、持続可能な農業を促進する。

③すべての人に健康と福祉を（13ターゲット）

　あらゆる年齢のすべての人々の健康的な生活を確保し、福祉を促進する。

④質の高い教育をみんなに（10ターゲット）

　すべての人々への包摂的かつ公正な質の高い教育を提供し、生涯学習の機会を促進する。

⑤ジェンダー平等を実現しよう（9ターゲット）

　ジェンダー平等を達成し、すべての女性及び女児の能力強化を行う。

⑥安全な水とトイレを世界中に（8 ターゲット）

　すべての人々の水と衛生の利用可能性と持続可能な管理を確保する。

⑦エネルギーをみんなに そしてクリーンに（5 ターゲット）

　すべての人々の、安価かつ信頼できる持続可能な近代的エネルギーへのアクセスを確保する。

⑧働きがいも経済成長も（12 ターゲット）

　包摂的かつ持続可能な経済成長及びすべての人々の完全かつ生産的な雇用と働きがいのある人間らしい雇用（ディーセント・ワーク）を促進する。

⑨産業と技術革新の基盤をつくろう（8 ターゲット）

　強靱（レジリエント）なインフラ構築、包摂的かつ持続可能な産業化の促進及びイノベーションの推進を図る。

⑩人や国の不平等をなくそう（10 ターゲット）

　各国内及び各国間の不平等を是正する。

⑪住み続けられるまちづくりを（10 ターゲット）

　包摂的で安全かつ強靱（レジリエント）で持続可能な都市及び人間居住を実現する。

⑫つくる責任 つかう責任（11 ターゲット）

　持続可能な生産消費形態を確保する。

　ターゲット 1. 開発途上国の開発状況や能力を勘案しつつ、持続可能な消費と生産に関する 10 年計画枠組み（10YFP）を実施し、先進国主導の下、すべての国々が対策を講じる。

　2. 2030 年までに天然資源の持続可能な管理及び効率的な利用を達成する。

　3. 2030 年までに小売・消費レベルにおける世界全体の一人当たりの食料の廃棄を半減させ、収穫後損失などの生産・サプライチェーンにおける食料の損失を減少させる。

　4. 2030 年までに、合意された国際的な枠組みに従い、製品ライフサイクルを通じ、環境上適正な化学物質やすべての廃棄物の管理を実現し、人の健康や環境への悪影響を最小化するため、化学物質や廃棄物の大気、水、

土壌への放出を大幅に削減する。

5. 2030 年までに、廃棄物の発生防止、削減、再生利用及び再利用により、廃棄物の発生を大幅に削減する。

6. 特に大企業や多国籍企業などの企業に対し、持続可能な取り組みを導入し、持続可能性に関する情報を定期報告に盛り込むよう奨励する。

7. 国内の政策や優先事項に従って持続可能な公共調達の慣行を促進する。

8. 2030 年までに、人々があらゆる場所において、持続可能な開発及び自然と調和したライフスタイルに関する情報と意識を持つようにする。

a. 開発途上国に対し、より持続可能な消費・生産形態の促進のための科学的・技術的能力の強化を支援する。

b. 雇用創出、地方の文化振興・産品販促につながる持続可能な観光業に対して持続可能な開発がもたらす影響を測定する手法を開発・導入する。

c. 開発途上国の特別なニーズや状況を十分考慮し、貧困層やコミュニティを保護する形で開発に関する悪影響を最小限に留めつつ、税制改正や、有害な補助金が存在する場合はその環境への影響を考慮してその段階的廃止などを通じ、各国の状況に応じて、市場のひずみを除去することで、浪費的な消費を奨励する、化石燃料に対する非効率な補助金を合理化する。

⑬気候変動に具体的な対策を（5 ターゲット）
気候変動及びその影響を軽減するための緊急対策を講じる。

⑭海の豊かさを守ろう（10 ターゲット）
持続可能な開発のために海洋・海洋資源を保全し、持続可能な形で利用する。

⑮陸の豊かさも守ろう（12 ターゲット）
陸域生態系の保護、回復、持続可能な利用の推進、持続可能な森林の経営、砂漠化への対処、ならびに土地の劣化の阻止・回復及び生物多様性の損失を阻止する。

⑯平和と公正をすべての人に（12 ターゲット）
持続可能な開発のための平和で包摂的な社会を促進し、すべての人々に司法へのアクセスを提供し、あらゆるレベルにおいて効果的で説明責任のある包

摂的な制度を構築する。

⑰パートナーシップで目標を達成しよう（19ターゲット）

　持続可能な開発のための実施手段を強化し、グローバル・パートナーシップを活性化する。

　個々の企業が、17のゴール、169のターゲットを自社の事業活動に関連させて、自主行動基準や社内規程をチェックすること、そして、事業活動の目標とリンクさせることが重要である。たとえば、「つくる責任 つかう責任」のターゲットをみると、「世界全体の一人当たり食料の廃棄を半減させ、収穫後損失などの生産・サプライチェーンにおける食料の損失を減少させる」や「廃棄物の発生防止、削減、再生利用及び再利用により、廃棄物の発生を大幅に削減する」など、事業活動を通じて目標達成に貢献することが社会からの信頼の確保につながるのであり、達成状況を公表することも大切である。地球環境問題をはじめ、2030年に向けて課題は山積している。

7．見える化

　信頼関係の構築は、信頼する対象やその対象の考え方・行為を知らずして、信頼することはあり得ない。消費者や社会から信頼されるには、提供する製品やサービス、そして、企業の経営理念や経営活動等を知ってもらうことが重要であり、消費者とのコミュニケーション活動が求められる。

　消費者に知ってもらうツールとして、製品やサービスをダイレクトに伝える広告・宣伝やインターネットでの情報提供があり、積極的に展開されている。これらも大切な活動であるが、この活動は企業が消費者に伝えたい内容を提供する方法であって一定のレベルまで知ってもらえるが、その情報について理解されない場合や疑問視されることもあり得る。情報への満足度は消費者が判断するものである。それ故に、ワンウェイコミュニケーションには限界があるといわれ、双方向のツーウェイコミュニケーションが必要ともいわれている。

　もう一つの知ってもらう方法は、企業そのものを知ってもらう方法である。

企業の考え方や経営姿勢を知ってもらう手法で、経営理念や自主行動基準を公表するというものであり、多くの企業で実践されている。加えて、苦情対応という業務単位においても、苦情対応の考え方や対応の原則にあたる部分について公表・開示することが望まれる。すなわち、苦情対応規程や苦情対応方針の公表・開示である

　次に、自主行動基準や苦情対応規程などの運用状況や結果について、積極的に説明責任を果たす姿勢が重要である。すなわち、経営活動全般について透明性を図ることであり、自主行動基準や苦情対応規程などの社内規程の運用状況を定期的に監査し、その内容を整理して社会に報告することである。

　経営概況や地球環境問題への取り組み・進捗状況等とあわせて、苦情対応の状況や活用事例をサステナビリティレポートやホームページなどで開示することである。透明性や説明責任を果たすことは「信頼の確保」につながる。

第3章　苦情対応マネジメントシステム

1．苦情対応規程の制定

1）JIS Q 10002 に準拠

　持続可能な社会の実現が求められている現在、企業が発展し存続するためには、消費者からの苦情を正しく理解し、消費者に信頼される正しい対応を企業（組織）として実践することが重要である。そのためには、苦情対応マネジメントシステムの構築が有効である。マネジメントシステムとは、通常「企業が経営を管理する制度や方式」と定義される。具体的には、経営者が方針および目標を定め、その目標を達成するために、企業（組織）内の役割分担や活動を適切に指揮・管理するためのしくみやルールのことである。

　しかし、苦情対応や ISO／JIS 規格に対する理解にもの足りなさを感じる経営層もおられるようだ。それ故に、ISO／JIS Q 10002 の導入（準拠）について、社長決裁が不可欠である。

　企業によって決裁方法は異なると思うが、導入目的、社会背景、他社動向、JIS Q 10002 の概要、ISO 10002 との関係、苦情対応（お客様対応）規程案の概要、自社の経営理念、マネジメントシステム構築要領、自己適合宣言について図式化して A3 用紙 1 枚程度で説明されることを勧める。いずれにしても、トップマネジメントである社長の理解と指示・支援がなくては苦情対応マネジメントシステムの構築は難しいと思う。

　経営目標が達成されるには、経営理念と経営方針が徹底され、経営目標が明確で、経営活動を確実に実践するためのマネジメントシステムが必要である。そのために、自主行動基準を制定し順守して経営諸活動に取り組むことが大切であり、苦情対応などの業務分野ごとに業務ごとの社内規程、すなわち苦情対応の社内規程を制定して、マニュアル等を見直し社内に徹底して運用することである。そして、チェックしマネジメントレビュー（見直し）することが求められる。

ただし、その社内規程が、消費者や社会から信頼され得るものであることが重要であるが、消費者から「その対応は企業の勝手な考え方だ」とか「企業の論理だ」として受け入れられなかったり、納得されなかったりすることがある。社内規程は消費者や社会から信頼されることが大切で、さもなければ、苦情対応そのものが理解されないし解決には至らない。

　それ故に、社内規程の制定に参考になるのが、社会規範の一つである JIS Q 10002「品質マネジメント―顧客満足―組織における苦情対応のための指針」である。この規格に準拠して、社内規程「苦情対応規程」を制定することが必要となる。

２）苦情対応規程（お客様対応規程）

　JIS Q 10002 に準拠するには、この規格が指針（ガイドライン）であるので、「望ましい」と表現されているところを「する」または「します」に置き換えることによって、社内規程を作成することができる。具体的には、自社の経営のしくみ（マネジメントシステム）に合わせて、この規格が求めていることを社内規程として作成する、すなわち、JIS Q 10002 に準拠した社内規程を作成すると考えてよい。

　個々の企業により、また業務分野により、人事、経理、研究、製造、品質、販売、サービスなどの社内規程があると思うが、苦情対応の社内規程の構成として、目的や適用範囲などを明確にする「総則」、苦情対応への考え方の「基本原則」、そして、苦情対応の「マネジメントシステム」の３章立てにすると社内規程は作成しやすい。

　既述のように、指針（ガイドライン）であるが故に、「望ましい」と表現されているところを「する」に置き換え、トップマネジメントの「確実にする」は「苦情対応のマネジメント責任者にせしめる責任」と考えるとわかりやすいと思う。

（1）総則

　総則の作成に入る前に、苦情対応規程の名称を決める必要がある。この規程は、社内で使用するものではあるが、消費者や社会からの信頼を確保することが制定の大きな目的でもあるので、この規程の公表ないし開示を前提とすることが望ましい。

　また、多くの企業が、消費者からの苦情を「ご不満」、「ご指摘」、「ご意見」などと呼び、申し出の本意を表現すると同時に申出者に不快感を与えないようにしている。「名は体を表す」といわれるように、企業として「消費者をどう見ているのか」、「苦情をどう捉えているのか」を考えるからだ。本書では、「ご不満」という表現に統一する。

　また、多くの企業において、消費者の呼称を「お客様」とし、「苦情対応」を「お客様対応」とするのは、消費者から企業に入ってくる相談や苦情を分析・評価すると、相談と分類されるものも苦情と考えられる。たとえば、「ある製品で使用方法を教えてほしい」という相談も、その製品を購入し使用しようとしたとき、すぐに使用できれば聞く必要がない。すなわち、苦情は消費者の不平や不満であることから、「使用方法を教えてほしい」という相談も、ある意味では苦情と考えられる。

　このように、相談も苦情と本質は同じと考えると、その対応も一本化でき、社内の意思統一ができる。その結果、対応品質の向上につながり、すべての消費者対応が消費者すなわちお客様の立場に立った対応になる。

　このような理由から、苦情対応の社内規程を JIS Q 10002 に準拠して制定するとき、苦情対応規程ではなく、「お客様対応規程」という名称の方が企業内でもわかりやすいと思う。「顧客対応規程」などでもよいが、本書では「お客様対応規程」とする。自社の社内規程の制定ルールに従えばよい。

　苦情対応規程の名称は、上記の理由から「お客様対応規程」とし、名称と併せて重要な制定者は、JIS Q 10002 にある、トップマネジメントの責任からも「社長」とすべきだと考え、制定者を社長とすることを推奨する。トップマネジメントを社長と解することについては、後述のトップマネジメントの責任の

ところでも触れる。制定日も明確にすることを忘れてはならない。

　次に、社内規程を制定するにあたり明確にしなければならないのが、社内規程の目的、適用範囲、用語の定義である。これらを JIS Q 10002 に準拠して、お客様対応規程の総則として明確にする。
①目的
　規程制定の目的は、自社の経営理念のもと、お客様第一を基本としてお客様対応に取り組むことを自社の言葉で表現する。
②適用範囲
　この「お客様対応規程」の適用範囲をどこまでとするかである。JIS 規格では「組織」とある。組織をお客様相談室等の消費者部門（消費者対応部門）とする考え方もあるが、消費者や社会から企業をみる場合、特に苦情対応においては、その企業全体として捉えられる。苦情対応でエスカレートした場合に苦情申出者から出る「社長を出せ」という言葉であるが、このことからも、組織はその企業全体（全社）と考えるべきで、お客様対応規程での表現としては「当社」がよい。消費者や社会からの視点から、その企業や企業グループは一つであり、消費者部門だけではない。
③用語の定義
　JIS 規格で使用されている用語を自社（企業）内で使用されている用語に変換する必要がある。以下、主なものを列記する。
・苦情
　JIS 規格には「製品若しくはサービス又は苦情対応プロセスに関して、組織に対する不満足の表現であって、その対応又は解決を、明示的又は暗示的に期待しているもの」とある。すでに述べたように、消費者から企業への働きかけは「相談」と「苦情」に分類されるが、その本質は同じと考えて、その対応は苦情対応と考えるのが望ましい。その結果、相談対応と苦情対応は、お客様対応に一本化でき、実務的にわかりやすくなる。

・顧客

　JIS 規格には、「個人若しくは組織向け又は個人若しくは組織から要求される製品・サービスを、受け取る又はその可能性のある個人又は組織」とある。顧客をお客様とし、「自社の製品やサービスの購入有無にかかわらず、広く消費者全般」とすることを勧める。購入者と限定すると、実務的に困難さを残すことになると同時に、これから購入する消費者を除外することにもなる。

・組織

　JIS 規格では「自らの目標を達成するため、責任、権限及び相互関係を伴う独自の機能をもつ、個人又はグループ」とあり、法人か否か、公的か私的かを問わず、自営業者、会社、法人、事務所、企業、云々とあるが、ここでは既述のように、組織を自社（企業）と考え、社内規程では「当社」と表現するとわかりやすい。

【お客様対応規程・総則：例】

「お客様対応規程」　制定者：社長

第1章　総則

（目的）

第1条　この規程は、○○○○株式会社（以下、当社という）が、製品やサービスを通じてお客様に最高の満足をお届けすることにより社会に貢献するという経営理念のもと、ご相談やご不満に対応する基本的事項を定め、その適切な運用を通じて全社的に高度で均質なお客様対応が実践され、お客様の満足度を高め信頼を得ることを目的とする。

（適用範囲）

第2条　この規程は、当社および当社の商標を表示する製品を取り扱う関係会社におけるお客様対応に関する業務に適用する。

（用語の定義）

第3条　この規程における主な用語の定義は次の通りとする。

　1. お客様とは、当社の製品やサービスの購入有無にかかわらず、広く消費

者全般をいう。

2. 申出者とは、当社にご相談やご不満を申し出ている人、組織、またはその代理人をいう。

3. お客様対応とは、お客様から当社へのご相談やご不満などの働きかけに対する対応をいう。

4. ご相談とは、当社がお客様に提供する製品やサービスに対するご相談やお問い合わせをいう。

5. ご不満とは、お客様から製品やサービスに対する不満足の表明で、一般的に苦情といわれている。製品やサービスのほかに、当社の活動およびその結果に対するお客様の不満足も含む。

6. お客様対応プロセスとは、ご相談やご不満の申し出から解決に至るまでの過程をいう。

7. お客様対応マネジメントシステムとは、お客様対応を適切に行うための組織、および人材・手順・設備などの経営資源によって構築されるシステムをいう。

8. マネジメントレビューとは、お客様対応プロセスやお客様対応マネジメントシステムの評価および見直しをいう。

（２）基本原則

　JIS Q 10002 の「基本原則」には「1. 一般、2. コミットメント、3. 対応能力、4. 透明性、5. アクセスの容易性、6. 応答性、7. 客観性、8. 料金、9. 情報の完全性、10. 機密保持、11. 顧客重視のアプローチ、12. 説明責任、13. 改善、14. 力量、15. 適時性」とあるが、お客様対応そのものに係わるものを基本原則とし、体制的なものは経営資源などマネジメントシステムに組み入れるとわかりやすい。呼称の変更を必要とするところもある。

　社内規程に導入する具体的方法として、苦情対応そのものに直接的に係わるものを並べ替えて整理する。「顧客重視のアプローチ」は「お客様重視」として最初に、そして「透明性、容易性、応答性、客観性、料金、機密保持、説明

責任、改善」と列記して、「損害への対応」を加えると実情にマッチする。また、料金の「請求しない」はフリーダイヤル等を意図していないと考えてよい。

　次に、JIS 規格にある「1. 一般、2. コミットメント、3. 対応能力、9. 情報の完全性、14. 力量」は、マネジメントシステムの「経営資源」「記録」などに組み込み、「15. 適時性」は「応答性」に包含するとわかりやすい。

【お客様対応規程・基本原則：例】

第2章　基本原則

（お客様重視）

第4条　当社は、お客様第一を基本に、お客様からのご相談やご不満を真摯に受け止め対応し、経営活動に活かすためにフィードバックする。

（透明性）

第5条　当社は、ご相談やご不満を申し出る方法に関する情報を公開し、申出者にはその対応に関する情報を適切に提供する。

（容易性）

第6条　当社は、お客様がご相談やご不満を容易に申し出ることができ、そのサポート情報もわかりやすいように努める。

　1. お客様対応プロセスおよびサポート情報はわかりやすく使いやすいように配慮する。

　2. その情報は、どのようなお客様も不利益を被らないように、表示や形式を含め、当該製品やサービスに添付する情報に用いた言語で提供する。

（応答性）

第7条　当社は、ご相談やご不満を受けた場合、受理を適切に通知し、その緊急性等の申出者のニーズも考慮し、迅速かつ確実に対応する。

（客観性）

第8条　当社は、お客様からのご相談やご不満に対して、お客様の権利を尊重し、公平で客観的かつ偏見のない態度で対応する。

（料金）

第9条　当社は、通常、お客様に対してお客様対応を無料で行う。なお、適用の範囲は、当社の規程等に基づいて定める。

（損害への対応）

第10条　当社は、製品やサービスに起因する、お客様に生じた損害に対して、損害の種類、重大性、責任の程度と範囲等を考慮して誠意をもって対応する。

（機密保持）

第11条　当社は、申出者を特定できる情報について、当社内でのお客様対応に限り必要なところで利用する。また、申出者がその公開について同意している場合、または法令により開示が義務付けられている場合を除き公開せず、適切に保護管理する。

（説明責任）

第12条　当社は、お客様対応に関する当社の対応ならびに決定について、適切に説明や報告を実行する。

（改善）

第13条　当社は、お客様対応における情報を活かし、製品やサービスの改善に取り組む。

（3）マネジメントシステム

　　JIS Q 10002 の「苦情対応の枠組み」、「計画、設計及び開発」、「苦情対応プロセスの運用」、および「維持及び改善」にあたるところであるが、JIS 規格が意図していることを自社の経営システムに合わせ構築することが重要である。

　　社内全体での推進を考えると、「苦情対応の枠組み」の「責任と権限」が特に大切で実態に合わせないと推進が厳しくなる。具体的には、トップマネジメントおよび責任者等の責任と権限である。

①トップマネジメント

　　トップマネジメントとは、企業（組織）の経営方針の決定や経営計画の策定、組織運営といった経営や管理を行う経営層のことで、社長、副社長、常務会

などを指すのが一般的であるが、ISO 規格では、最高位で組織を指揮し管理する個人またグループと定義している。いろいろな考え方があるが、トップマネジメントは単純に「社長」と考えるとよい。

ただ、トップマネジメントの責任が多岐にわたるので、企業の経営システムにより、トップマネジメントがすべての項目に直接的に対応できない場合もあり得る。そのときは、JIS 規格の趣旨・意図を順守しつつ、トップマネジメントの指示のもと、お客様対応マネジメントシステムを構築し統括する経営層やそれに準じる管理層である「○○担当役員や○○本部長など（○○は担当業務）」を任命する方法が考えられる。社内規程には、全社の統括として、「社長の指示のもと、○○担当役員（または○○本部長）がお客様対応方針を定め、お客様対応マネジメントシステムを構築し統括する」と定める方法である。

また、グループ経営など社内分社制や事業部制で経営している企業は、その特徴を活かして、分社社長や事業部長などの事業場長に一定の範囲でその組織に関する責任を移管する方法が有効である。具体的には、○○担当役員の責務を事業場長（分社社長・事業部長）が代行すれば責任が明確になりマネジメントしやすくなる。

②マネジメント責任者等

マネジメントシステムを活用するとき、責任者等の呼称が、自社および社会に通ずることが大切となる。JIS 規格の「苦情対応のマネジメント責任者」を「お客様対応責任者」に、「顧客及び苦情申出者と接する全ての要員」を「お客様対応者」とする。そして、「苦情対応プロセスに関わるその他の管理者」は「その他の関係部門責任者」とし、お客様対応責任者と連携し協力する役割があるとすると実態に合うと考える。また、「全ての要員」については、通常、お客様対応に関わることがほとんどないが、もしお客様対応に遭遇したときのために全社員にこの社内規程を理解せしめる必要性はある。実は、社内規程の目的に「全社的」とし、基本原則に「当社」を主語としているのは全社に徹底するためでもあり、「全ての要員」の条文は割愛してよい。

次に、「計画、設計及び開発」において、「効果的かつ効率的な苦情対応プロセスを計画し、設計し、開発することが望ましい」とあり、2018年に改定されたISO規格に準拠2019年に改定されたJIS規格では、「組織は生じ得るリスク及び機会を考慮し、取り組むことが望ましい」とある。具体的には、「経営資源が不十分であること」によるリスクへの対応、「顧客からの提案」を受けての機会（チャンス）にとある。マネジメントレビューおよび継続的改善で取り組んでいくとよいと思う。

最後に、「苦情対応プロセスの運用」、「維持及び改善」であるが、「苦情対応プロセスの運用」は、若干の差異はあるかもしれないが、多くの企業で取り組まれているはずだ。従って、JIS規格に準拠して整理するとよい。

ところが、以前は、苦情対応そのものに注力されて、「維持及び改善」については関心が薄かったように思われるので、JIS Q 10002に準拠して社内規程に組み入れるとよい。マネジメントシステムについては以下の通りになる。

【お客様対応規程・マネジメントシステム：例】

第3章　マネジメントシステム

第1節　責任と権限

（全社の統括）

第14条　当社は、本規程の目的を全社として実践するために、社長の指示のもと、○○担当役員がお客様対応に関する方針（以下、お客様対応方針という）を定め、お客様対応マネジメントシステムを構築し統括するとともに、定期的に社長に報告する。

（○○担当役員の責務）

第15条　○○担当役員は、お客様の権利を認識し、お客様に提供する製品やサービスに関して、お客様満足の向上を目的とした自らの責務を明確にし、次の要素を含めて実践する。

1.お客様対応方針を体して、お客様対応の目標を設定し、周知・徹底する。

2.お客様対応責任者を定め、その責任と権限を明確にする。

3. お客様対応に必要な経営資源を適切に準備する。

4. お客様対応について、社長はじめ関係部門に状況を説明できるようにする。

5. ご不満対応における重大問題について、社長はじめ関係部門に迅速かつ効果的に報告されるようにする。

6. お客様対応が適切に維持・運営されているか否かを確認するための監査を行い、お客様対応マネジメントシステムのマネジメントレビューを行う。

（お客様対応責任者の責務）

第16条　お客様対応責任者は、お客様からのご相談およびご不満に対し、次の項目を実施する。

1. お客様対応マネジメントシステムを効果的に運用する。

2. お客様対応手順（以下、対応手順という）を作成し徹底する。

3. 対応手順に基づいたお客様対応の実施を確実にする。

4. お客様対応に必要な情報入手を確実にする。

5. お客様対応に関する教育・訓練を実施する。

6. お客様対応プロセスをモニタリングし記録を確実にする。

7. お客様対応における情報等を○○担当役員に報告する。

8. ご不満対応など、問題の再発防止の処置は、関係部門の責任者と連携し実施して、迅速に○○担当役員に報告する。

9. マネジメントレビューのためにお客様対応をデータ化する。

（その他の関係部門の責任者の責務）

第17条　その他の関係部門の責任者は、お客様対応における自らの責任範囲においてお客様対応責任者と連携し、次の項目を実施する。

1. 自部門に関連するお客様対応プロセスの実施を確実にする。

2. お客様対応プロセスにおける自部門の情報をお客様対応責任者に報告する。

（お客様対応者の役割）

第18条　お客様対応者は、お客様対応方針を体して、対応手順に基づき、誠意をもってお客様対応を行う。

1. お客様からのご相談やご不満に迅速かつ的確に対応し、その情報をフィー

ドバックする。

2. お客様対応に関する教育・訓練を受ける。

第2節　体制整備と実施

（経営資源）

第19条　〇〇担当役員は、お客様対応を効果的かつ効率的に実施するために、次の点を考慮し必要な経営資源を整備する。

1. 想定されるお客様対応が可能な資質を有する人材を投入する。

2. お客様対応者に対し、お客様対応に必要な資質および技能の向上をめざすための継続的な研鑽の機会を与える。

3. お客様対応支援のために、対応手順、技術的および法的専門家、設備、情報、ソフトウェアを含むコンピュータ、財源等の資源の投入を確実にする。

（対応手順）

第20条　お客様対応責任者は、ご相談やご不満に対し、正しくお客様対応が実践されるように、次のお客様対応プロセスに従って対応手順を作成する。

1. 申し出の受理

お客様の申し出は、効果的かつ正しく対応するために、申出内容および問題を正確に聞き取り、記録する。

2. 記録

申し出を受理した時点から、申出者が満足するか、または最終決定される時点までのプロセス全体にわたって記録し追跡できるようにする。

3. 受理の通知

ご相談やご不満を受理した場合、申出者が受理された旨を速やかに認識できるようにする。

4. 初期評価

受理した後、特にご不満は、重大性、安全性、複雑性、即時処置の必要性および可能性などにおいて初期評価を行うようにする。

5. 分析・評価

特にご不満の根本的な原因の除去、製品やサービスの改善等に資するために、ご不満を分類・分析および評価する。

6. 調査

特にご不満をめぐる状況および情報について、深刻さ、発生の頻度および重大性を考慮して合理的に調査する。

7. 対応

基本原則に基づき適切な対応内容を決定する。ご不満の場合、問題を是正し、将来発生を予防する処置をとる。すぐに解決できない場合は、できるだけ早く効果的な解決につながるように努める。

8. 決定の伝達

申し出への対応内容は速やかに申出者に伝達する。ご不満対応の場合、その決定事項または処置を実行するとき、速やかに関係者に伝達する。

9. 終了

申出者が申し出への対応内容や決定事項または処置を受け入れた場合、その対応内容や決定事項または処置を適切に遂行し記録する。また、申出者がそれらを拒否した場合には、その旨を記録し、その後の進捗状況を監視する。

（情報の管理）

第21条　お客様対応責任者は、お客様対応に関する情報の完全性、お客様対応の正確性、個人情報保護および機密保持されるようにしなければならない。

1. 記録の識別、収集、分類、保管および廃棄について、手順を規定する。

2. 記録の維持には、紛失等の事故のないように情報セキュリティ規程を順守する。

3. 申出者または代理人が記録の提供および廃棄を求めた場合の対応ルールを規定する。

4. お客様対応者に対する教育・訓練等に関する記録は残す。

5. 個人を特定しない統計的データについての開示基準を規定する。

（分析・評価）

第22条　お客様対応責任者は、ご相談やご不満の根本的な原因を除去するために、ご相談やご不満を分類・分析し評価する。

（重大問題への対応）

第23条　お客様対応責任者は、お客様対応における重大問題に対し、次の活動を行う。

　1. 多数のお客様に影響を与える可能性、または安全性に関する重大な問題の発生が予見される場合は、○○担当役員および関係部門の責任者に速やかに報告し、法令等に従って関係部門の責任者にも要請し直ちに行動する。

　2. 安全問題などが発生した場合は、○○担当役員および関係部門の責任者に速やかに報告し、関係部門の責任者と連携し被害の拡大防止あるいは発生防止のために行動する。

（是正予防・検証）

第24条　お客様対応責任者は、お客様対応において問題の再発防止のための是正・予防処置に取り組み、その是正・予防処置の効果を検証する。

（モニタリング）

第25条　お客様対応責任者は、お客様対応、経営資源および収集すべきデータについて継続的にモニタリングする。

（満足度調査）

第26条　お客様対応責任者は、申出者のお客様対応への満足度のレベルを判断するために、定期的に調査を行う。

（報告）

第27条　お客様対応責任者は、お客様対応における情報を経営活動に活かすために、○○担当役員に報告し、○○担当役員は、社長に報告しなければならない。

　1. お客様対応における情報は、定期的に、○○担当役員をはじめ関係部門に報告する。

　2. ご不満をはじめとする経営に大きく影響する内容は、適時、社長、○○

担当役員および関係部門に報告しなければならない。

第３節　監査と改善

（監査）

第28条　○○担当役員は、お客様対応の実施状況および結果を評価するために、次の項目による監査を定期的に実施し、その結果を社長に報告する。

　1. 基本原則および対応手順への適合性

　2. お客様対応の目標を達成するための適切性

　3. お客様対応規程および自己適合宣言との適合性

（マネジメントレビュー）

第29条　○○担当役員は、次の事項を目的に、お客様対応プロセスおよびお客様対応マネジメントシステムをレビューし、その内容を社長に報告する。

　1. お客様対応プロセスが継続的に適切で、有効かつ効果的であることを確実にする。

　2. 安全・環境等に関する事項、お客様の要求事項、法令等に基づく義務・順守事項等に不適合な事項を明確にして対処する。

　3. 製品やサービス、お客様対応プロセス、お客様対応マネジメントシステムの不都合を明確にして是正する。

（継続的改善）

第30条　当社は、ご相談やご不満の発生原因の是正および予防処置を実施することにより、ご不満等の再発および発生を予防するとともに、お客様対応プロセスおよびお客様対応マネジメントシステムについて継続的に改善する。

第４節　規程の見直し等

（規程の改廃）

第31条　この規程は、○○担当役員が立案し、社長が改廃する。

附則　この規程は、0000年00月00日から施行する。

２．運用の手引きの作成

　お客様対応規程制定の目的は、お客様対応の考え方や基本ルールを社内に徹底することと消費者や社会からの信頼を確保することである。信頼の確保には消費者や社会にお客様対応規程を知ってもらうことが必要であり、そのためにはお客様対応規程の開示が必要だと思う。

　また、全社、特に担当者に対して、お客様対応規程の考え方や基本ルールを徹底するには、いま少しお客様対応について詳細かつ具体的に説明する必要がある。しかし、開示を考えると、詳細かつ具体的な記載は躊躇せざるを得ない。お客様対応の実務についてはお客様対応マニュアルに記載しているが、お客様対応の考え方や基本ルールを担当者に理解せしめ徹底することが重要である。従って、お客様対応規程の内容を実務的に理解し、お客様対応マニュアルにつなぐための非開示の「運用の手引き」が必要となる。

　運用の手引きには、たとえば、基本原則の「客観性」では「公平で客観的かつ偏見のない態度」を「素直に聞く姿勢」に加えて「担当者の権限範囲」や「判断基準」などを付記し、機密保持では社内の個人情報保護規程の順守や「申出者を特定できない情報」の扱いなど情報活用ルールを付記することが求められる。「申し出の受理」や「受理の通知」では具体的に5W1Hを基本として内容を把握し自ら部門名を伝えることや、電子メールで受理した場合の通知方法も明確にしなければ正しく運用できない。

　上記のような詳細な内容や、監査の方法（監査人、監査用チェックシートなど）や回数なども開示することにそぐわないと思う。

　「運用の手引き」は、お客様対応規程や企業の考え方により異なるが、具体的な数字の明示など、お客様対応マニュアルとつなぐものであり、お客様対応規程を補完するものでもある。また、自社の他組織やシステムとの関係、社内規程・基準やマニュアル等との紐づけの意味においても必要である。主な内容は以下のようになる。

【運用の手引き：ポイント】

第1章　総則

第1条では、自社の経営理念とお客様対応規程との関係や JIS Q 10002 との整合性などを解説する。

第2条、第3条は、自社が考える適用範囲や用語（お客様など）の捉え方・意味について、具体的に解説する。

第2章　基本原則

　基本原則は、簡潔に整理されているが、具体的に解説する。

第4条　お客様重視と経営理念との関係も触れる。

第5条　透明性に相談窓口に関する情報の公開および対応に関する情報の提供が包含されているので、相談窓口を明確にする旨を記載する。

第6条　容易性とはアクセスの容易性のことで、相談窓口はもちろん修理受付などサポートに関わる情報のことである。具体的には、電話や電子メール以外の手段も必要であり、言語も少なくとも英語への対応が可能とする体制まで触れる。

第7条　応答性とは申し出を受理した旨を申出者に伝えることで、初期段階で合理的な対応日程を設定し申出者に進捗状況や見通しを伝える必要がある。お客様対応者の裁量の範囲について明確にする旨も触れる。

第8条　客観性はお客様対応において重要な基本原則の一つで、公平で客観的かつ偏見のない態度で対応する。そのために、対応手順の作成と徹底、対応者の権限範囲、公平と客観性が判断基準であり、お客様対応者の対応を当社として順守（支持）する旨も付記する。

第9条　通常、お客様対応は無料で行う。適用範囲は別途決めるとし、フリーダイヤル等のこともあるので、ここでいう料金には電話代などの通信費や修理代等は含まない旨を解説する。

第10条　当社はお客様の損害に対し、法令や社内規程等に従い誠意をもって対応する。具体的には、実損補償を原則とすることも解説する。

第11条　法令および社内の情報セキュリティ規程や個人情報保護規程を順守して、お客様対応に限り利用すること、お客様の同意がある場合または法令により義務づけられている場合を除き公開しない。申出者を特定できない情報の扱い、すなわち情報の活用について付記する。

第12条　申出者からお客様対応に関するプロセスや決定内容について説明や開示の要求に対し企業機密に反しない範囲で適切に説明や報告を行う。ただし、別途定める本人確認ルールに基づいた適切な本人確認が必要であることを説明する。

第13条　個人情報保護のもと、お客様対応における情報を製品やサービスの改善に活かすことが、企業の発展につながることにも触れる。

第3章　マネジメントシステム

第1節　責任と権限

第14条　社長が「○○担当役員や○○本部長」を任命する場合、「全社の統括」が必要になってくる。また、分社社長や事業部長などの事業場長に一定の範囲を移管する場合は、「事業場長の責務」の条文を作成し、「○○担当役員の責務」から移行すればよい。事業場長は○○担当役員や○○本部長に定期的に報告することになるので、その旨を明記する。

　　全社の統括とは、お客様対応方針を制定し、お客様対応マネジメントシステムを構築することである。

第15条　○○担当役員の責務は、条文通り。

第16条　お客様対応責任者の責務は、条文に沿って、対応手順の作成・徹底方法、研修会などの教育・訓練について具体的に解説する。

第17条　その他の関係部門の責任者の責務、第18条　お客様対応者の役割は、条文通り。

第2節　体制整備と実施

第19条　経営資源では、お客様対応が可能な資質を有する人材の投入が重要であり、お客様対応の支援体制について具体的に明記する。

第 20 条　対応手順は「申し出の受理」から「終了」までのお客様対応プロセスはそのままでよいが、具体的な説明ないし付記を要する個所がある。対応手順について、「対応手順」を作成するのか、「お客様対応マニュアル」に組み込むのかなどを明示し、「受付シート」の準備も付記する。

　①申し出の受理…5W1H を基本に内容把握を行うが、原則、自ら部門名を伝え、必要に応じて申出者の名前等のお客様情報を聞く旨も付記する。

　②受理の通知…電子メールで受理した場合の通知方法などを明記する。

　③初期評価…特に、安全性については法令も含めた評価基準を明示する。

　④調査…三現主義（現場・現物・現実）の重要性に触れる。

　⑤対応の伝達…社内関係部門への伝達での関係部門を明確化するなど、わかりにくいところや具体的明示が必要なところを明確化する。

第 21 条　情報の管理は、社内の情報セキュリティや情報管理に関する社内規程を明示して順守することを促す。また、申出者または代理人が記録の開示や廃棄請求があったときの対応ルールを準備することも触れる。

第 22 条　分析・評価は、条文通り。

第 23 条　重大問題への対応は、JIS Q 10002 にない条文だが、社内の関係部門を明確にし、法令や社内規程に従って要請し行動する旨を解説する。

第 24 条　是正予防の実施にあたり、法令や社内規程に加え、外部機関についても触れる。

第 25 条　モニタリングとは、JIS Q 10002 の「監視」のことで、お客様対応、経営資源および収集すべきデータについて、継続的にモニタリングすることである。お客様対応のモニタリングには「モニタリング用チェックシート」を作成する旨を明記する。

第 26 条　満足度調査は、申出者のお客様対応への満足度のレベルを判断するもので、満足度調査の目的はお客様対応の向上を図ることである。

　満足度調査には外部調査と内部調査があり、ミステリーコールやアンケート返送方式などがある。調査方法と実施回数を明確にする必要があり、少なくとも年 1 回は実施する。ここでいう内部調査は、自社が企画し外部モニター

に評価してもらう方式のことである。

第27条　報告する情報にはプラス情報とマイナス情報があるが、すべての情報である旨を付記する。

第3節　監査と改善

第28条　ここでいう監査とは、JIS Q 10002 に準拠したお客様対応とお客様対応マネジメントシステムの監査のことで、原則として年1回実施する。〇〇担当役員が任命した複数の監査人が監査するとし、監査責任者のお客様対応部門からの独立性などを明記する。

監査方法は、自己監査（内部監査）で別途作成の監査用チェックリストを活用する。チェックリストの項目は、基本原則および対応手順との適合性、目標達成、お客様対応規程および自己適合宣言しておればそれとの適合性が含まれる。なお、チェックリストはお客様対応責任者が作成すると運用しやすいと考える。

第29条　マネジメントレビューとは、PDCA サイクルに該当するもので、自己監査後、監査結果が記入された監査用チェックリストに、課題の改善計画が記入されたものをベースとして〇〇担当役員が実施して、その内容を社長に報告する。〇〇担当役員は次の事項でマネジメントシステムをレビューする旨を明記する。

1. お客様対応プロセスが継続的に適切で、有効かつ効果的であることを確実にする。

2. 安全・環境等に関する事項、お客様の要求事項、法令等に基づく義務・順守事項等に不適合な事項を明確にして対処する。

3. 製品やサービス、お客様対応プロセス、お客様対応マネジメントシステムの不都合を明確にして是正する。

第30条　継続的改善は、お客様対応プロセスおよびお客様対応マネジメントシステムについて継続的に改善することであり、PDCA サイクルによる改善に加え、教育・訓練によるモラル向上につながる旨も付記する。

第4節　規程の見直し等　第31条は、条文通り。

３．お客様対応マニュアルの見直し

　お客様からのご相談やご不満に対応するとき、「お客様対応規程」の基本原則の理解と併せて必要なものが「お客様対応マニュアル」である。既述のように、お客様対応は「組織対応」でなければならない。そして、お客様対応規程の考え方に沿った対応の実践でなければ、消費者や社会からの信頼も確保できないと考える。

　お客様対応マニュアルは、業種および個々の企業により、名称や考え方そして対応方法も差異があってよい。ほとんどの企業がすでに作成し活用されていると思うが、信頼確保のために「お客様対応規程」に沿っているかを確認する必要がある。たとえば、お客様対応の受付において「応答性」が実践できるようになっているか、対応案の決定において「客観性」が担保されているかなど、お客様対応規程の基本原則を中心に、お客様対応マニュアルをチェック（見直し）しなければならない。さもなければ、JIS Q 10002 に準拠したお客様対応の実践が望めないと考える。

４．運用とチェック

１）社内徹底

　お客様対応規程は、お客様対応者はもちろん全社に徹底されることが重要である。前出のマネジメントシステムや教育・研修体系の活用に加えて、工夫を凝らした手法も取り入れて徹底することが求められる。

①お客様対応規程の冊子を作成して全社徹底をめざす。

②お客様対応規程の「解説ビデオ」を作成し研修会等で活用する。

　お客様対応規程が求めるものは、お客様対応者が個別のお客様対応において正しいお客様対応そのものの実践であり、正しいお客様対応の可視化が最も効果的だと思われる。ビデオの内容は、お客様対応規程の解説と対応実技モデル場面の二部構成がよい。

③イントラネットを活用する。

　企業内に構築されたネットワーク（イントラネット）にお客様対応規程を

アップする方法で、社員がアクセスすることによってお客様対応の考え方が理解できる。

加えて、経営理念や自主行動基準と同様に自社のホームページにアップすることも考えられる。このことにより、社員の意識の向上が期待でき理解の促進も図れると思う。しかし、現状は「お客様対応方針」や「自己適合宣言」は公表されても、お客様対応規程の公表には至っていない。公表ではなく開示のレベルでよいと考える。

④研修会の開催

お客様対応者やその他の関係部門の責任者にはお客様対応規程をしっかり理解してもらうことが求められる。そのためには、お客様対応規程説明会などの研修会を全社的に制定後すぐに実施することが重要である。

この研修会は、「お客様対応規程」、「運用の手引き」、「お客様対応マニュアル」をテキストとして、具体的事例紹介を取り入れたセミナー形式がよい。

加えて、お客様対応規程「解説ビデオ」があれば、ビデオの活用も理解の促進につながり、質疑応答が活発な研修会になれば、より効果的なものになる。

⑤Eテスト

全社員を対象としたイントラネットを活用したテスト（Eテスト）を定期的に実施することが重要である。なぜなら、全社員へのお客様対応規程の徹底を意図したお客様対応規程のイントラネット掲載も一定の効果しか期待できない。従って、お客様対応規程や自社のお客様対応の実態を理解せしめるために、このEテストを実施することが必要となる。

お客様第一やお客様志向という経営理念が掲げられていても、全社員が真に体得できているか、若干の疑問が残る。Eテストを実施することにより全社員がお客様対応規程を具体的に学ぶことにつながると思う。Eテストは結果も大切であるが、それ以上に学ぶということが大切で、全社員がEテストを受けることが重要である。

【Eテストの設問：例】

基本的な内容で理解度を求めるものがよい。お客様対応規程の全条文にわたる
テストで、各設問に3つの選択肢を用意し正しいものを選択するという方式で、
設問数は20問ぐらいが適当と考える。少なくとも年1回は実施する。

たとえば、以下のような設問が考えられる。

①当社がいうお客様とは

　　a. 当社の製品やサービスを購入した消費者をいう。

　　b. 当社の製品やサービスの購入有無にかかわらず、消費者全般をいう。

　　c. 当社にご相談やご不満を申し出ている人をいう。

②機密保持とは、

　　a. 申出者の個人情報は一切利用せず保護管理する。

　　b. 申出者の個人情報は当社内であれば、いつでも利用する。

　　c. 申出者の個人情報は法令による開示義務があれば開示する。

2）モニタリング

　モニタリングとは、JIS Q 10002 の「監視」のことで、お客様対応、経営資
源、収集すべきデータについてモニタリングする。特に、お客様対応のモニタ
リングには「モニタリング用チェックシート」を作成する。

　お客様対応のモニタリングは定期的（年2回以上が望ましい）に実施する。
お客様対応にはいろいろな場面があるが、電話対応と訪問対応のモニタリング
は必要だと思う。以下に、電話対応および訪問対応のチェックシートを例示す
る。なお、Eメールなどインターメントの場合は画面上に記録が残るのでその
記録を活用してチェックすれはよい。

【電話対応モニタリング用チェックシート：例】

1. 記入欄：実施日時、電話対応者名、指導者名

2. 活用方法：電話対応時にモニタリングして、終了後に指導育成する。

3. チェック項目

（基本応対項目）

①適切な挨拶をし、社名・部門名（または担当者名）を名乗ったか？

②敬語、言葉づかいは適切であるか？

③話す速さや声の大きさが適切で聞きとりやすいか？

④テキパキと積極的で、親切・丁寧に対応しているか？

⑤終りの挨拶（継続時：名乗り）と電話の切り方が適切か？

（対応項目）

①申出内容をすぐに理解しているか？

②お客様対応サポートシステムを使いこなせているか？

③わかりやすい最善の説明ができているか？

④周辺知識があるように感じるか？

⑤調べるとき、適切に保留しているか？

【訪問対応モニタリング用チェックシート：例】

1. 記入欄：実施日時、訪問対応者名、指導者（責任者）名
2. 活用方法：訪問対応者が帰社したときに面談・チェックし指導育成する。
3. チェック項目

　①訪問を事前に連絡したか？

　②遅刻しなかったか？（原則 5 分前に訪問）

　③訪問時、挨拶し、社名と名前を名乗ったか？

　④申出内容を確認したか？

　⑤正しく対応（理解していただけるように説明）できたか？

　⑥対応について理解していただけたか？

　⑦申出者から感謝されたか？

　⑧継続事項があれば、以降の予定は伝えたか？

　⑨以降の継続事項（業務）の手配はできているか？

　⑩退出時の挨拶も含め、言葉遣い等に失礼はなかったか？

3）満足度調査

　満足度調査は、申出者のお客様対応への満足度レベルを判断するものであるが、その目的はお客様対応の向上を図ることである。従って、継続性が重要であり、定期的（年1回以上）に実施する。満足度調査には、外部調査と内部調査があり、ミステリーコールやアンケート返送方式などがある。

　もちろん、満足度がいくらであるかが関心のあるところだと思うが、本当の目的がお客様対応の向上、すなわち「スパイラルアップ」で、満足度の数値を競うものでない。コスト面も含め、総合的に内部調査（内製）を推奨する。

　具体的には、自社の製品開発部門等にモニター制度をもっておれば、それを活用して調査すればよい。満足度調査は最低100サンプルあれば調査目的は達成できると考える。というのは、自社のお客様対応の課題を見つけ出すためであるからである。調査用紙をモニターに送付し、一定の期間（約1週間）に架電して問い合わせしてもらい評価してもらう手法（ミステリーコール）である。このような手法であるから、コストはモニターへの謝礼と調査用紙・送料などであまり多くはかからない。

　なお、モニター制度がない場合は、新たにモニターを募集するか、知人等に依頼する方法もある。客観性が担保されれば、調査の目的は達成できると思う。

　モニターに配布する調査用紙の項目はいろいろと考えられるが、電話応対の基本項目、印象評価およびコメントを記入してもらう。

【満足度調査用紙：例】

1. 記入欄：架電日時、相談内容、モニター名
2. 基本項目：指定の相談内容を問い合わせて評価してください。

　①挨拶をし、社名・部門名（または担当者名）を名乗りましたか？

　　（はい・一部・いいえ）

　②敬語、言葉づかいは適切でしたか？（はい・普通・いいえ）

　③話す速さや声の大きさが適切で聞きやすかったですか？

　　（はい・普通・いいえ）

④申出内容をすぐに理解してくれましたか？

（非常に満足・満足・普通・不満）

⑤相談担当者の説明はわかりやすかったですか？

（非常に満足・満足・普通・不満）

⑥相談担当者の製品知識等が豊富な感じでしたか？

（非常に満足・満足・普通・不満）

⑦テキパキと、親切・丁寧でしたか？（非常に満足・満足・普通・不満）

⑧相談担当者の対応に積極性を感じましたか？（はい・普通・いいえ）

⑨待たせなかったですか？　調べるときの保留は適切でしたか？

（はい・普通・いいえ）

⑩終りの挨拶（継続時は名乗りも）と電話の切り方が適切でしたか？

（はい・普通・いいえ）

3. 印象評価

総合的に満足できましたか？（非常に満足、満足、普通、やや不満、不満）

4. コメント（よかった点・悪かった点・改善点など）を記入してください。

コメント欄

5. 集計方法

①個々の満足度調査用紙の基本項目評価（70点）と印象評価（30点）を
下記の配点で集計する。（合計100点）

・基本項目評価：70点（非常に満足10点、満足・はい5点、普通・一部
3点、不満・いいえ0点）

・印象評価：30点（非常に満足30点、満足25点、普通20点、やや不満
10点、不満0点）

②コメントを整理して一覧にする。

4）監査

①監査人

　監査の目的は、お客様対応プロセスのお客様対応規程への適合性、目標への達成度（適切性）、そして、お客様対応およびお客様対応プロセスの改善をめざすこと（スパイラルアップ）である。従って、監査人は〇〇担当役員（トップマネジメント）から任命された独立性と公正性が担保されることが重要であり、複数名の監査チームでもって監査する。監査責任者はお客様対応部門以外の社内の監査業務に携わっている専門職がふさわしい。なお、監査人にお客様対応に詳しいメンバーの参画も効果的だと思う。

②監査方法

　自己監査を定期的（年1回以上）に実施する。監査の時期は、マネジメントレビューの中心的資料となるので、その数ヵ月前がよいと思う。監査は、実態を把握することに加えて、課題抽出が重要であり公正でなければならない。従って、お客様対応規程に基づいて、お客様対応およびプロセスの実態を正しく把握するための「お客様対応規程監査用チェックリスト」が必要となるが、このチェックリストはお客様対応責任者が作成すると使いやすいものになる。具体的には、要求事項と具体的な要求項目（チェック項目）、評価、問題点等コメント記入欄で構成（A4用紙：縦使用）される。

　併せて、お客様対応責任者は、マネジメントレビューに使用するために、「評価・改善計画書」も作成する。この評価・改善計画書は、A3用紙：横使用で、左半ページの左から、監査用チェックリストのチェック事項・評価・問題点を集計・整理して転記し、右半ページに、改善策、改善計画を記載する。以下に例示する監査用チェックリストを参考に、自社のお客様対応規程に沿って監査用チェックリストを作成することを勧める。

【監査用チェックリスト：例】

1. チェックリストの使用方法

　評価基準は、必須条件の要求事項はYES・NOとし、即時改善を図ることと

する。レベル評価の要求事項はA・B・Cの3段階評価とし、B・Cの場合はAになるように改善を図るとする。

Aは「～している。～である。～できている。」など、十分な状態。

Bは「おおよそ～できている。」など、もう少し推進すればよい状態。

Cは「～していない。～でない。～できていない。」および「ときどき～している。」など、現状では不十分の状態で、改善を含めた推進が必要な状態。

2. チェック項目

1）責任と権限

(1)○○担当役員の責務

【要求事項】お客様満足の向上を目的とした自らの責務を明確にし、お客様対応マネジメントシステムを実践すること。

①お客様対応の目標は明確になっているか？（YES・NO）

②お客様対応方針・目標を社内周知・徹底できているか？（A・B・C）

③お客様対応責任者を任命しているか？（YES・NO）

④お客様対応責任者の責任と権限が明確になっているか？（A・B・C）

⑤人材も含め必要な経営資源を適切に準備・投入しているか？（A・B・C）

⑥お客様対応について社長・関係部門に説明できているか？（A・B・C）

⑦ご不満対応における重大問題について社長・関係部門に迅速かつ効果的に報告できているか？（A・B・C）

⑧お客様対応について監査を行い、マネジメントレビューを定期的に行っているか？（A・B・C）

問題点等コメント記入欄

(2)お客様対応責任者の責務

【要求事項】お客様対応マネジメントシステムを効果的に運用すること。

①お客様対応手順（マニュアル等）を整備しているか？（YES・NO）

②お客様対応手順をお客様対応者に徹底しているか？（A・B・C）

③お客様対応手順に基づいたお客様対応が実施できているか？（A・B・C）

④お客様対応に必要な情報が入手できるようになっているか？（A・B・C）

⑤お客様対応に関する教育・訓練を計画的に実施しているか？（YES・NO）

⑥お客様対応に関する教育・訓練を OJT で行っているか？（A・B・C）

⑦お客様対応プロセスをモニタリングし記録をしているか？（YES・NO）

⑧お客様対応における情報等を○○担当役員に定期的に報告しているか？
　　（YES・NO）

⑨ご不満対応など、問題の再発防止の処置は、関係部門の責任者と連携し実施
　　して、迅速に○○担当役員に報告するようになっているか？（YES・NO）

⑩マネジメントレビューのためにお客様対応をデータ化しているか？
　　（YES・NO）

```
問題点等コメント記入欄


```

(3)その他の関係部門の責任者の責務

【要求事項】自部門に関連するお客様対応プロセスについて、お客様対応責
　　任者と連携して実施を確実にすること。

①自部門に関連するお客様対応プロセスを実施しているか？（A・B・C）

②お客様対応情報をお客様対応責任者に報告しているか？（A・B・C）

```
問題点等コメント記入欄


```

(4)お客様対応者の役割

【要求事項】お客様対応方針を体して、対応手順に基づき、誠意をもってお
　　客様対応を行うこと。

①お客様対応方針を知っているか？（YES・NO）

②お客様対応手順をよく理解しているか？（A・B・C）

③ご相談やご不満に迅速かつ的確に対応しているか？（A・B・C）

④お客様対応における情報を社内にフィードバックしているか？（A・B・C）

⑤お客様対応に関する教育・訓練を受けている？（A・B・C）

```
問題点等コメント記入欄


```

２）体制整備と実施

(5)経営資源

【要求事項】〇〇担当役員は、お客様対応部門に適切な経営資源を投入すること。

①お客様対応が可能な資質を有する人材を投入しているか？（A・B・C）

②お客様対応責任者を介して、お客様対応者に研修会等を計画的に立案し、継続的な研鑽の機会を与えているか？（YES・NO）

③お客様対応支援として、技術的および法的専門家、設備、情報、ソフトウェアを含むコンピュータ、財源等の資源を投入できているか？（A・B・C）

```
問題点等コメント記入欄


```

(6)対応手順

【要求事項】お客様対応責任者は、正しくお客様対応が実践されるように、お客様対応手順を作成すること。

①お客様対応手順があるか？（YES・NO）

②対応手順は、申し出の受理、記録、受理の通知、初期評価、分析・評価、調査、対応、決定の伝達、終了のプロセスが組み込まれているか？
（YES・NO）

③申し出の受理は、５Ｗ１Ｈを基本としているか？（YES・NO）

④受理から終了まで、時系列的に記録するようになっているか？（YES・NO）

⑤申出者が受理された旨を速やかに認識できるようになっているか？
（YES・NO）

⑥受理した後、重大性、安全性等の初期評価を行うようにしているか？
　（YES・NO）

⑦ご不満等をめぐる状況や情報について、三現主義（現場・現物・現実）に
　基づき調査し原因究明するようになっているか？（YES・NO）

⑧基本原則に基づき適切な対応を決定しているか？（YES・NO）

⑨特にご不満の場合、調査に基づき問題を是正し、将来発生を予防する処置
　をとるようになっているか？（YES・NO）

⑩申し出への対応内容は速やかに申出者に伝達するようになっているか？
　（YES・NO）

⑪対応内容、決定事項や処置を適切に遂行し記録しているか？（YES・NO）

⑫申出者が対応内容を拒否した場合、その旨を記録し、その後の進捗状況を
　監視するようになっているか？（YES・NO）

問題点等コメント記入欄

(7)情報の管理

　【要求事項】お客様対応責任者は、お客様対応の記録の正確性、個人情報保
　　護および機密保持がなされるようにすること。

①記録の識別、収集、分類、保管および廃棄の手順があるか？（YES・NO）

②個人情報保護法等を順守できているか？（YES・NO）

③記録の維持・保存において、情報セキュリティ規程等を順守できている
　か？（YES・NO）

④申出者または代理人が記録の提供および廃棄を求めた場合の対応ルールが
　あるか？（YES・NO）

⑤個人情報保護、情報セキュリティ規程等が徹底できているか？（A・B・C）

⑥お客様対応者に対する教育・訓練等の記録を管理しているか？（YES・NO）

⑦個人を特定しない統計的データについての開示基準があるか？（YES・NO）

> 問題点等コメント記入欄

(8)分析・評価

【要求事項】お客様対応責任者は、ご相談やご不満の根本的な原因を除去するために、ご相談やご不満を分類・分析し評価すること。

①分類項目を設定しているか？（YES・NO）

②ご相談やご不満を分類に基づき、分析評価しているか？（A・B・C）

> 問題点等コメント記入欄

(9)重大問題への対応

【要求事項】お客様対応責任者は、お客様対応における重大問題に対し責任と権限の範囲において適切に活動すること。

①多数のお客様に影響を与える可能性、または安全性に関する重大な問題の発生が予見される場合は、○○担当役員および関係部門の責任者に速やかに報告し、法令等に従って行動するしくみがあるか？（YES・NO）

②安全問題などが発生した場合は、○○担当役員および関係部門の責任者に速やかに報告し、拡大防止・発生防止のために行動するしくみがあるか？（YES・NO）

> 問題点等コメント記入欄

(10)是正予防・検証

【要求事項】お客様対応責任者は、問題の再発防止のための是正・予防処置に取り組み、その是正・予防処置の効果を検証すること。

①是正および予防処置に関する判断基準があるか？（YES・NO）

②ご相談やご不満の発生原因の是正および予防処置をとっているか？

　（A・B・C）

③是正・予防処置の実施状況を把握し結果を確認しているか？（YES・NO）

問題点等コメント記入欄

(11) モニタリング

【要求事項】お客様対応責任者は、お客様対応、経営資源および収集すべき
　データについて継続的にモニタリングすること。

①お客様対応者の対応を定期的（年2回以上）にモニタリング（対応者別）
　しているか？（A・B・C）

②件数等のお客様対応状況を時系列にモニタリングしているか？（YES・NO）

③人員など経営資源を時系列にモニタリングしているか？（YES・NO）

④収集すべきお客様対応関連データについてモニタリングしているか？

　（A・B・C）

問題点等コメント記入欄

(12)満足度調査

【要求事項】お客様対応責任者は、申出者のお客様対応への満足度レベルを
　判断するために、定期的に満足度調査を行うように努めること。

①お客様満足度調査を定期的（年1回以上）に実施しているか？（YES・NO）

②満足度調査の結果を改善等に活かすようにしているか？（YES・NO）

問題点等コメント記入欄

(13)報告

【要求事項】お客様対応責任者は、お客様対応における情報を経営活動に活かすために、○○担当役員に報告すること。

①お客様対応における情報は、○○担当役員をはじめ関係部門に定期的（月1回以上）に報告しているか？（YES・NO）

②○○担当役員から社長に定期的（月1回以上）に報告されているか？（YES・NO）

③報告する関係部門は明確になっているか？（A・B・C）

④経営に大きく影響する内容は、適時、社長、○○担当役員および関係部門に報告しているか？（YES・NO）

問題点等コメント記入欄

3）監査と改善

(14)監査

【要求事項】○○担当役員は、お客様対応の実施状況および結果を評価するために、監査人による監査を定期的に実施し社長に報告すること。

①お客様対応に対する監査を定期的（年1回以上）に実施しているか？（YES・NO）

②お客様対応部門から独立した監査人が監査し、○○担当役員・社長に報告するようになっているか？（YES・NO）

③監査項目に、基本原則、対応手順、目標、お客様対応規程および自己適合宣言（宣言している場合）との適合性が入っているか？（YES・NO）

問題点等コメント記入欄

(15)マネジメントレビュー

【要求事項】○○担当役員は、お客様対応プロセス・お客様対応マネジメントシステムをマネジメントレビューし、社長に報告すること。

①監査後、定期的（年1回以上）にマネジメントレビューしているか？
　（YES・NO）

②お客様対応プロセスが継続的に適切で、有効かつ効果的であることを確実にしているか？（A・B・C）

③お客様の要求事項、安全・環境に関する事項、法令等に基づく義務・順守事項等に不適合がないかを確認し、必要に応じて対処しているか？
　（YES・NO）

④製品やサービス、お客様対応プロセス、お客様対応マネジメントシステムを確認し、必要に応じて是正しているか？（YES・NO）

問題点等コメント記入欄

(16)継続的改善

【要求事項】当社として、お客様対応プロセスおよびお客様対応マネジメントシステムを継続的に改善すること。

①お客様対応プロセスについて継続的改善に取り組んでいるか？
　（YES・NO）

②お客様対応マネジメントシステムについて継続的改善に取り組んでいるか？
　（YES・NO）

問題点等コメント記入欄

４）基本原則

(17)お客様重視

【要求事項】お客様第一を基本に、ご相談やご不満を真摯に受け止め対応し、経営活動に活かすためにフィードバックすること。

①お客様第一を基本に、ご相談やご不満を真摯に受け止め対応しているか？（YES・NO）

②経営活動に活かすためにフィードバックしているか？（A・B・C）

問題点等コメント記入欄

(18)透明性

【要求事項】ご相談やご不満を申し出る方法に関する情報を公開し、申出者にはその対応に関する情報を適切に提供すること。

①お客様対応の受付窓口を明確に公開しているか？（YES・NO）

②申出者に、その対応に関する情報を適切に提供しているか？（A・B・C）

問題点等コメント記入欄

(19)容易性

【要求事項】お客様がご相談やご不満を容易に申し出ることができ、そのサポート情報もわかりやすくなっていること。

①お客様からのご相談やご不満を積極的に受け付けているか？（YES・NO）

②ご相談やご不満をすぐに受け付けできているか？（A・B・C）

③お客様対応プロセスおよびサポート情報がわかりやすくなっているか？（A・B・C）

④お客様が要望される申出方法に対応しているか？（A・B・C）

⑤製品やサービスに添付の情報に用いた言語に対応しているか？（YES・NO）

⑥フリーダイヤル・ナビダイヤル等の採用や英語対応に取り組んでいるか？

　（A・B・C）

問題点等コメント記入欄

（20）応答性

【要求事項】ご相談やご不満を受けた場合、受理を適切に通知し、その緊急
　性等の申出者のニーズも考慮し、迅速かつ確実に対応すること。

①ご相談やご不満を受けたとき受理を適切に通知しているか？（YES・NO）

②お客様対応の初期段階で合理的な対応日数を説明しているか？

　（A・B・C）

③申出者に進捗状況や見通しを途中段階で説明しているか？（A・B・C）

④お客様対応者の裁量の範囲を明確にしているか？（A・B・C）

⑤ご相談やご不満に対し迅速かつ確実に対応しているか？（YES・NO）

⑥お客様対応が迅速・確実に対応しているかを検証しているか？

　（A・B・C）

問題点等コメント記入欄

（21）客観性

【要求事項】お客様の権利を尊重し、公平で客観的かつ偏見のない態度で対
　応すること。

①公平かつ客観性を維持するお客様対応マニュアルがあるか？（YES・NO）

②お客様対応規程・お客様対応マニュアルを徹底しているか？（A・B・C）

③公平性・客観性で対応できているか？（A・B・C）

④ご不満対応での不当要求の可否を正しく判断できているか？（YES・NO）

⑤不当要求に対して毅然と対応できているか？（A・B・C）

⑥お客様対応の結果の公平性・客観性を検証しているか？（A・B・C）

問題点等コメント記入欄

(22)料金

　【要求事項】通常、お客様に対してお客様対応を無料で行うこと。

①通常、お客様対応を無料で行っているか？（YES・NO）

②通信費など有料の範囲がお客様にわかるようになっているか？（A・B・C）

③ご相談等で有料の場合は、お客様にその旨を告知しているか？（YES・NO）

問題点等コメント記入欄

(23)損害への対応

　【要求事項】製品やサービスに起因する損害に対して、責任の範囲等を考慮して誠意をもって対応すること。

①お客様対応者が、当社扱いの製品やサービスに関する法令や社内規程を理解しているか？（A・B・C）

②製品やサービスに起因する損害に対して、法令や社内規程に従い、責任の範囲等を考慮して対応しているか？（YES・NO）

問題点等コメント記入欄

(24)機密保持

　【要求事項】お客様の個人情報は、当社内でのお客様対応に限り必要なところで利用し、適切に保護管理すること。

①お客様対応の記録、記録の利用・管理に関する基準を順守しているか？
　（YES・NO）

②法令、情報セキュリティ規程および個人情報保護規程を順守しているか？
　（YES・NO）

③お客様対応における情報を適切に保護管理しているか？（YES・NO）

④お客様の声（情報）をフィードバックするとき、個人情報を削除しているか？（YES・NO）

問題点等コメント記入欄

---

(25)説明責任

【要求事項】お客様対応に関する対応ならびに決定について、適切に説明や報告を実行すること。

①お客様対応に関する情報を適切に記録し管理・保管しているか？（YES・NO）

②申出者等からの記録の提供および提出を求められた場合の対応ルールがあるか？（YES・NO）

問題点等コメント記入欄

---

(26)改善

【要求事項】お客様対応における情報を製品やサービスをはじめ経営活動に活かすこと。

①お客様対応における情報を製品やサービス等に活かすしくみがあるか？（YES・NO）

②そのしくみは機能しているか？（A・B・C）

③お客様対応における情報が経営活動に活かされたかを検証しているか？（A・B・C）

④経営活動に活かされたことを共有化できているか？（A・B・C）

問題点等コメント記入欄

5．マネジメントレビュー

　マネジメントレビューは、お客様対応マネジメントシステムの見直しのことで、トップマネジメントにとって、お客様対応規程の制定と同様に重要な責務である。本書では、「社長の指示のもとに、○○担当役員がお客様対応方針を定め、お客様対応マネジメントシステムを構築し統括するとともに、定期的に社長に報告する」と定めている。

　従って、○○担当役員が、監査人から定期的（年１回以上）に提出されたお客様対応規程の「監査用チェックリスト」に基づき作成された「評価・改善計画書」と、前回のレビュー時の「評価・改善計画書」、および、お客様対応責任者から提出された関連資料に基づき、マネジメントレビューを実施し、その内容を社長に報告しなければならない。

　マネジメントレビューにおいて、特に次の３点について留意する必要がある。
①お客様対応プロセスが継続的に適切で、有効かつ効果的であるか。
②安全・環境に関する事項、お客様の要求事項、法令等に基づく義務・順守事項等に不適合な事項を明確にして対処しているか。
③製品やサービス、お客様対応プロセス、お客様対応マネジメントシステムの不都合を明確にして是正しているか。

　マネジメントレビューは○○担当役員の重要な責務として、企業の継続性においてお客様対応マネジメントシステムをレビューするものであり、「評価・改善計画書」が承認されて終了となり、最終的に社長に報告することになる。

　なお、社内分社制や事業部制で経営している企業で、○○担当役員の責務を事業場長（分社社長・事業部長）が代行している場合はマネジメントレビューも事業場長が実施して○○担当役員に説明する。それに基づき、○○担当役員が全社を統括して社長に報告することになる。

6．信頼のために

1）開示する

　お客様対応規程の制定目的は、すでに述べたようにお客様対応の高位平準化とお客様や社会からの信頼確保である。信頼の確保には知ってもらう必要があり、お客様対応規程を開示することが企業のお客様対応の信頼確保につながると考える。

　近年、欠陥商品の社告（謹告）の実施が当然のことになったが、以前はなかなか社告を行うことが企業として悩ましい問題であった。しかし、徹底した社告の実施が、消費者や社会から好感をもたれたようである。JIS Q 10002 制定以降、JIS Q 10002 に準拠した対応に取り組み、お客様対応方針などを開示されている企業を見かけるようになった。これらの取り組みは、消費者や社会からの信頼の確保につながっていると思う。

　しかし、「お客様対応規程」そのものの開示には至ってない。JIS Q 10002 に準拠した取り組みをされているにもかかわらず開示されていないのは残念に思う。以前、ある消費者団体の元事務局長に JIS Q 10002 やお客様対応規程そしてお客様対応の評価についてお聞きしたとき、お客様対応規程を確認してから評価するとのことであった。「お客様対応規程」を制定し運用しているのであれば、開示を請求されたときは開示するという前向きな姿勢であってよいのではないかと考える。

2）自己適合宣言

　JIS Q 10002 は自己適合宣言できる。具体的には、自己監査（内部監査）で適合しておれば適合している旨を宣言することであり、信頼の確保につながる取り組みである。しかし、自己適合宣言を考えたとき、適合しているかどうかが悩ましいところでもある。自己適合宣言を躊躇されるのは、消費者や社会から適合に疑義を抱かれるのではないかと心配されるからだと思うが、次のように考えるとよい。

前出の「監査用チェックリスト」の評価基準の必須条件の（YES）、レベル評価の（A・B）であれば、最低限の適合レベルに達していると考えてよいと思う。すなわち、一定のレベルに達しておれば、それ以降にスパイラルアップしていくという考え方でもって改善し推進すればよい。もちろん、適合レベルに達していなければ、不当表示になり社会からの信頼をなくすことになる。

　加えて、自己適合宣言は、社内の自ら律する効果（自律効果）もあると思う。ぜひ、自己適合宣言に取り組むことを勧める。

　自己適合宣言には審査登録機関などによる適合合格証がない。通常、自社のホームページに、お客様対応が苦情対応マネジメントシステムの国際規格ISO10002および日本産業規格 JIS Q 10002「品質マネジメント―顧客満足―組織における苦情対応のための指針」に適合することを、企業として宣言することになる。

　自己適合宣言のスタイルは自由であるが、お客様対応の取り組みおよび現状を示すものなので、「お客様対応方針」と一緒に掲示することになる。なお、自己適合宣言の方法を規定した JIS Q 17050-1 があることも付記する。

3）サステナビリティレポート

　サステナビリティレポートは、持続可能な社会の実現に向けて、企業がどのような取り組みをしているかを開示する報告書で、CSR（企業の社会的責任）に基づいた企業活動を幅広く開示するために作成される。多くの企業が年1回発行しており、企業を評価するときの一つの指標となっている。

　持続可能な社会の実現のために地球環境をはじめとする諸問題に向き合うことが企業に求められ、ESG 視点での開示が重要となっている。なお、ESG とは、Environment（環境）、Social（社会）、Governance（ガバナンス）の頭文字で、ESG をスコアリングとして投資基準として使う ESG 投資が投資の潮流になっている。

　企業から社会・投資家に開示される情報には、財務情報と非財務情報があるが、サステナビリティレポートは、非財務情報が中心で、経営理念・方針・推

進体制・事業戦略などのマネジメント面、環境・社会面での取り組み、すなわち、ESG に対する考え方と前年度の取り組みで構成されているものが多い。

　本書は、お客様対応について解説してきたが、サステナビリティレポートの現状をみると、お客様対応およびお客様対応マネジメントシステムについての内容が十分でないように感じる。

　お客様対応およびお客様対応マネジメントシステムの運用を通して、消費者や社会からの信頼の確保を考えるとき、サステナビリティレポートに、自社のお客様対応の考え方、取り組みやお客様対応件数・内訳およびお客様の声の活用などの実績についてしっかりと報告することが大切であると思う。

おわりに

　企業には、社会の構成員として社会的責任を果たし、社会の持続可能な発展に貢献することが求められています。そのために、有用かつ安全な製品やサービスを社会に提供し、コンプライアンス経営を推進して、社会との信頼関係を構築することが大切です。

　コンプライアンス経営とは、消費者志向経営を基本として、法令をはじめ消費者や社会から認知された社会規範を順守する経営のことです。社会規範である ISO／JIS Z 26000 や ISO／JIS Q 10002 に準拠したルールを順守し、グローバルに経営展開することが求められています。既述のように、消費者や社会から信頼される「自主行動基準」や「社内規程」を制定し徹底して順守することです。自主行動基準や社内規程の制定において大切なことは、具体的な内容であり、社内に徹底されるものでなければなりません。さもなければ、組織として順守（実践）されないこともあり得ることを忘れてはなりません。

　もう一つ重要なことは「見える化」です。信頼の確保には企業経営の透明性が重要で、消費者や社会に知ってもらってこそ信頼の確保につながると思います。積極的な情報開示に取り組み、説明責任を果たすことです。

　また、「見える化」は信頼の確保に加えて、企業の自ら律する「自律効果」も少なくありません。ISO／JIS Z 26000 や ISO／JIS Q 10002 には、スパイラルアップの要素もあり、情報開示や説明責任によりスパイラルアップが促進されると考えます。

　本書を通して、企業の社会的責任や持続可能な社会の実現への貢献について理解していただき、苦情対応業務が組織として前向きに取り組まれて、消費者や社会からの信頼の確保につながれば、これほど嬉しいことはありません。

池田康平

参考文献

経済産業省「製品安全自主行動計画策定のためのガイドライン」(2007 年)

一般社団法人 日本経済団体連合会「企業行動憲章」(2017 年)

日本規格協会 編「日本語訳 ISO 26000:2010 社会的責任に関する手引」(2011 年)

日本規格協会 発行「JIS 社会的責任に関する手引 JIS Z 26000:2012(ISO 26000: 2010)」(2012 年)

鍋島詢三 編著「ISO 10002:2004／JIS Q 10002:2005 苦情対応のための指針 規格 の解説」(2005 年)

日本規格協会 発行「JIS 品質マネジメント―顧客満足―組織における苦情対応のた めの指針 JIS Q 10002:2005(ISO 10002:2004)」(2005 年)

日本規格協会 発行「JIS 品質マネジメント―顧客満足―組織における苦情対応のた めの指針 JIS Q 10002:2019(ISO 10002:2018)」(2019 年)

著者紹介

池田　康平（いけだ　やすひら）

1947 年生まれ。
1969 年、関西学院大学商学部卒業。
同年、松下電器産業株式会社（現パナソニック株式会社）入社。
1975 年より大阪営業所 消費者関連課を皮切りに、お客様ご相談センターなど一貫して消費者関連業務に携わり、2000 年、CS 本部にて本社職能として消費者関連業務を担当（参事）。
2008 年、同社を退職。
同年、消費者志向研究所設立、消費者志向研究会を主宰。
1982 年、消費生活アドバイザー資格取得。
2005 年、財団法人 日本産業協会より感謝状受領。
公益社団法人 消費者関連専門家会議（ACAP）個人会員。
著書：「消費者新時代」（風詠社、2020 年）

苦情対応と信頼

2021 年 5 月 31 日　第 1 刷発行

著　者　池田康平
発行人　大杉　剛
発行所　株式会社 風詠社
　　　　〒 553-0001 大阪市福島区海老江 5-2-2
　　　　　　　　大拓ビル 5 - 7 階
　　　　℡ 06（6136）8657　https://fueisha.com/
発売元　株式会社 星雲社
　　　　（共同出版社・流通責任出版社）
　　　　〒 112-0005 東京都文京区水道 1-3-30
　　　　℡ 03（3868）3275
装幀　2 DAY
印刷・製本　シナノ印刷株式会社
©Yasuhira Ikeda 2021, Printed in Japan.
ISBN978-4-434-28955-2 C2034